De la mécanique médiatique

Ce livre rassemble une sélection de chroniques de Jean-Marc Four diffusées le vendredi matin sur France Inter entre août 2014 et septembre 2015.

Ouvrage édité avec le soutien de France Inter.
www.franceinter.fr

Couverture : France Inter, micros.

ISBN 978-2-37344-051-5

11 rue Saint-Joseph – 75002 Paris
www.lemieux-editeur.fr

Jean-Marc Four

DE LA MÉCANIQUE MÉDIATIQUE

L'info, un service public

lemieux éditeur

À Milan, Annabelle, Helena, qui composent avec
la passion de leur père pour l'information

Introduction
La cicatrice

C'est une cicatrice personnelle.

Au printemps 2002, je présentais le journal de la mi-journée sur France Inter, qui durait alors une heure ; on l'appelait « le 13-14 ». La France s'apprêtait à voter pour le premier tour de l'élection présidentielle.

Quatre semaines avant le scrutin, un homme, Richard Durn, fait feu sur des élus en plein conseil municipal à Nanterre. Dans le journal, ce 26 mars, je fais comme tout le monde : j'en fais des tonnes. L'affaire semble, il est vrai, saisissante. En réalité, Richard Durn, on l'apprendra rapidement, n'est rien d'autre qu'un déséquilibré qui a basculé dans la violence avant de se suicider. Rien de bien édifiant ou révélateur dans cette histoire, et pourtant nous l'érigeons alors en fait de société.

Trois jours avant le scrutin, le 18 avril, un retraité apparemment sans histoires, Paul Voise, est agressé par deux hommes qui le rouent de coups et lui tuméfient le visage. L'affaire fait la Une de tous les journaux.

Y compris de l'édition dont j'ai la charge, le 13-14. Narration du fait divers, témoignage de la victime, policiers invités à s'exprimer sur la sécurité, débat politique, comparatif avec les pays voisins, etc. Là encore, nous en faisons des tonnes. Pourtant, il s'agit d'une agression somme toute banale et sans envergure. Et deux ans plus tard, l'enquête s'achèvera par un non-lieu, à l'issue d'expertises mettant sérieusement en doute la véracité du récit de la victime.

Le 21 avril 2002, Jean-Marie Le Pen se qualifie pour le second tour de la présidentielle. Le premier grand cap de l'ascension du Front national, le début de la fin du tabou.

J'ai longtemps tourné dans ma tête ce que nous avons collectivement fait dans les médias, moi y compris, pendant ces mois de mars et d'avril 2002. Nous avons tous entretenu le sentiment collectif de l'insécurité, sur la base de faits divers non représentatifs. Notre responsabilité, la mienne y compris, est évidente dans le succès de Jean-Marie Le Pen. Cela m'a valu plusieurs nuits sans sommeil.

Mais curieusement, cela n'a guère troublé la majorité des journalistes. Cette incapacité à l'autocritique m'a saisi. Les journalistes aiment poser les questions, beaucoup moins se remettre en question. À quelques exceptions près, la presse a semblé incapable de s'interroger sur sa responsabilité, peu désireuse d'essayer de comprendre par quel mécanisme, par quel engrenage nous avions fini par ne plus parler, tous ensemble, que de l'insécurité présumée.

C'est cela aussi pour moi le 21 avril 2002 : une cicatrice professionnelle, un tournant même. Pendant les semaines qui ont suivi, je me suis dit que je ne pourrai plus pratiquer mon métier comme avant. Notre responsabilité est trop grande ; on ne peut pas juste informer sans réfléchir. Informer sans jamais s'arrêter, pris dans la course à la vitesse qui détruit notre métier. Informer sans jamais s'interroger sur notre tendance collective à tous faire la même chose dans un élan irrationnel de mimétisme, comme si l'on cherchait une justification à nos choix dans les choix du voisin.

L'été qui a suivi, je suis parti à Londres comme correspondant pour Radio France. Il n'y a pas de hasard. Quatre années à Londres, pour une prise de distance salutaire, la découverte d'une autre façon de travailler. Le temps aussi de réaliser à quel point la France s'est progressivement, depuis vingt ans, refermée sur elle-même.

Paradoxalement, j'ai fini, à mon retour d'expatriation, par me retrouver directeur de rédaction à France Culture, puis aujourd'hui à France Inter. Paradoxe, car comment parvenir à être à la fois acteur et spectateur de son métier ? Comment traiter l'actualité, avec les exigences et les difficultés de l'immédiateté, et en même temps parvenir à conserver une distance critique suffisante pour ne pas reproduire les erreurs du printemps 2002 ? Comment, dans une fonction de direction, se tenir suffisamment loin du pouvoir qui rend fou ? Comment éviter d'entrer dans un microcosme fait de dîners en ville dont la futilité vous fait perdre de vue l'essentiel ?

Ma position est une bizarrerie. Je ne suis sans doute pas fait pour être directeur de rédaction, mais je le suis quand même. Alors j'essaie de me préserver en me livrant à ce petit exercice hebdomadaire de déconstruction des « mécaniques médiatiques », chaque vendredi matin sur France Inter. C'est ma boussole professionnelle à moi.

Je sais que certains de mes confrères y voient une fâcheuse tendance à donner des leçons de journalisme. Ce n'est pourtant pas le cas. Qui suis-je pour donner des leçons ? Non, il s'agit simplement d'une façon, pour moi, de me préserver. D'essayer de comprendre ce à quoi moi-même trop souvent je participe. Je suis bien placé pour mesurer combien « l'art d'informer » est difficile. Je me trompe régulièrement, comme tout le monde. Mais doit-on pour autant laisser le monopole de la critique à ceux qui n'exercent pas le métier ?

Au fil des semaines, j'ai compris que ces chroniques du vendredi matin sur France Inter forment donc une esquisse de paysage journalistique, avec un certain nombre de phénomènes récurrents. Certains sont anciens, d'autres récents, tous expliquent pourquoi certains sujets font la Une alors que d'autres ne font pas une brève.

Le premier, celui qui continue, treize ans après les événements de 2002 de me saisir le plus fréquemment, c'est le « tourne en rond » ou l'effet perroquet : la tendance des principaux médias à tous parler de la même chose. Ce grégarisme journalistique, accentué par le diktat de la vitesse, se retrouve dans quasiment tous les sujets qui font la Une. La chaîne de causalité relève parfois du jeu de l'œuf et de la poule, même si la responsabilité des chaînes télévisées d'information continue ne cesse de croître.

Je m'étonne souvent que les journalistes, pourtant le plus généralement des individus de réelle culture, manquent à ce point d'indépendance d'esprit.

Cet effet perroquet relève aussi de l'entre-soi. Il est flagrant dans le microcosme informatif parisien. Dans ce microcosme, le dernier avatar du dîner en ville s'appelle Twitter. Le réseau social est devenu une caisse de rétrécissement de l'information. Les journalistes se suivent les uns les autres sur le réseau, s'épient, se critiquent, et finissent par ne plus parler que d'eux-mêmes et d'un tout petit nombre de thèmes, le tout toujours à vitesse grand V. L'importance démesurée accordée aux sujets abondamment commentés sur les réseaux sociaux conduit aussi mécaniquement à traiter beaucoup des théories extrémistes, particulièrement présentes sur la Toile, qui est une sorte de loupe déformante. Je connais certains confrères, y compris parmi les plus éminents et intelligents, qui ont sans cesse le nez sur Twitter pour savoir ce qui s'y dit sur eux. Un peu de lucidité suffit pourtant à comprendre que c'est le petit, tout petit bout de la lorgnette. Un petit bout qui en plus nous éloigne des préoccupations du monde réel, de l'auditeur réel.

Le deuxième phénomène est plus ancien, mais il ne cesse de s'amplifier. Et je le trouve très difficile à mettre à distance. C'est le triomphe de la société du spectacle. Plus le sujet prête à des images impressionnantes, ludiques, inattendues, plus la Une est assurée : des chauffeurs de taxi qui font brûler une voiture, des footballeurs qui gagnent un trophée, une starlette qui se tape dessus avec son Jules, un homme politique qui tombe la cravate. Avec une prime pour le phénomène météo type inondations qui présente l'avantage d'être un PPCM, un plus petit commun multiple dont on présume qu'il intéresse tout le monde. L'une des facettes de ce phénomène, c'est le catastrophisme : il n'est qu'à revoir ou relire certains reportages lors de l'apparition du premier cas non confirmé (!) du virus Ebola en Europe. C'était « *breaking news* » dans tous les sens. Un peu plus d'un an plus tard, il n'y a toujours pas eu le moindre cas avéré sur le Vieux Continent, et encore moins d'épidémie. Dans cette société du spectacle, le client, ou du moins ses désirs présumés, sont roi : et c'est ainsi que le journalisme de la demande se substitue au journalisme de l'offre. C'est la chance de chaînes comme celles de Radio France : pouvoir continuer à faire du journalisme de l'offre. Mais c'est un défi quotidien, tant les mentalités sont imprégnées de la logique de la demande.

La porosité du monde de l'information avec les élites politiques et économiques constitue le troisième ressort. Et je vois bien régulièrement, en accueillant les invités politiques le matin dans les couloirs de France Inter, combien certains s'étonnent de ne pas me connaître. Je perçois la pensée sous-jacente : comment peut-il être directeur de rédaction, alors qu'il n'a pas été journaliste politique et qu'on ne le croise pas dans les rendez-vous habituels du microcosme parisien ?

J'assume parfaitement de me tenir à distance. Mieux, j'y vois une nécessité. La porosité entre les élites explique pourquoi de nombreux éditorialistes ont tendance à défendre l'Europe dans sa version actuelle, elle explique comment la presse a longtemps sous-estimé le fiasco du nucléaire façon Areva, ou comment elle tend à défendre des lois antiterroristes qui mettent sa propre liberté en danger. Elle détermine aussi en partie la radicalisation croissante du discours médiatique sur l'immigration : l'extrême droite fait désormais partie de l'élite, quoi qu'elle en dise.

Sans compter la porosité avec les omnipotents communicants : dans cette relation très particulière que la presse entretient avec les pouvoirs politiques et économiques, ils jouent un rôle croissant. Ils sont devenus beaucoup plus puissants que les journalistes.

Enfin le quatrième ressort c'est le déplacement de la frontière entre vie publique et vie privée. Et c'est celui que je trouve le plus terrifiant. L'essor des réseaux sociaux a contribué à ce que chacun déballe délibérément sa sphère privée sur la place publique. La presse a embrayé en poussant le curseur chaque jour un peu plus loin. Le succès de l'affaire Trierweiler en est la parfaite illustration, alors même que son intérêt politique était très faible. Ce faisant, le journalisme n'hésite plus à porter atteinte à la vie privée et à violer sans cesse le secret de l'instruction, quitte à livrer en pâture à l'opprobre publique des désignés coupables que la justice, beaucoup plus tard, innocentera. Que l'on songe à l'affaire DSK. Mais quand on est en plein milieu d'une affaire, oser dire dans une conférence de rédaction qu'on est en train d'aller trop loin, c'est un choix difficile et osé, je peux vous l'assurer. On vous regardera vraiment de travers. Poursuivre sur ce terrain du grand déballage de la vie privée, relève à mon sens, de l'inconscience. Science sans conscience n'est que ruine de l'âme. Et vivre sans vie privée, c'est se condamner à la dictature.

Je le répète, je ne cherche nullement à donner des leçons de journalisme, ce serait d'une prétention aussi déplacée que contre-productive. Mon propos est beaucoup plus modeste : essayer de déconstruire, comme un biologiste avec un scalpel, les ressorts qui président aux principaux choix journalistiques dans les médias.

Un mot encore : quand j'étais plus jeune, je voulais être photoreporter. Je conserve aujourd'hui une admiration sans bornes pour les grands noms de ce métier. Ils sont le regard et le courage, la capacité à aller au plus près, et en même temps à mettre la bonne distance. Ils sont l'inverse de la télévision, où l'image nous dicte sa loi. Ils choisissent l'image, ce n'est pas l'image qui les choisit. Et surtout ils vont sur le terrain. Si le journalisme perd de vue le terrain et devient un exercice d'éditorialistes dans un studio, alors ce métier est perdu.

Cultivons le reportage, défendons-le. Il est le plus à même de sauver cette profession.

Le sprint et l'effet perroquet

Hollande sous la pluie
29 août 2014

Le 25 août 2014, François Hollande prononce un discours sur l'île de Sein à l'occasion des 70 ans de la Libération. Il le fait sous des trombes d'eau. La presse fait des choux gras de cette image en laquelle elle voit un symbole des soucis du Président de la République.

Impossible d'y échapper cette semaine !

Flic floc dans les flaques à l'île de Sein…

L'eau qui ruisselle sur les tempes du Président et des lapsus en série tant il a du mal à lire son texte derrière ses lunettes embuées… L'image est tellement en adéquation avec la crise politique que c'en est pain bénit : le président « prend l'eau » ! La métaphore idéale.

Toute la presse s'en donne à cœur joie. *Le Figaro* et *Le Monde* choisissent une photo de Reuters : plan serré sur le visage tout « chien mouillé » du chef de l'État avec ses lunettes couvertes de gouttes d'eau. « J'y vois plus rien » !

Seulement voilà, le succès médiatique de cette image obéit aussi à de mauvaises raisons…

D'abord cette métaphore météorologique, récurrente dans la presse, est d'une facilité journalistique consternante. Comme si la compétence d'un dirigeant devait se jauger à l'aune de sa capacité à choisir un lieu sans concentration de cumulonimbus.

Plus troublant, il y a dans cette métaphore un sous-entendu quasi mystique, du style : « Les éléments divins sont ligués contre lui… ! » Et si Dieu se mêle du journalisme, ça se complique.

Ensuite il y a le mimétisme de la presse. Les chaînes d'info doivent remplir, donc glosent sur la météo, les réseaux sociaux s'amusent parce que la scène se prête à la démolition en 140 signes. Et tout le monde en rajoute. Quitte à ne pas vérifier. Un exemple : plusieurs articles affirment que toute la presse britannique surnomme désormais François Hollande « Rain Man », l'homme de la pluie. Or il n'y a jamais eu qu'un seul article dans toute la presse anglaise, pour utiliser ce qualificatif. Et c'était… il y a deux ans et demi !

Enfin, ironiser sur cette image fournit une excellente occasion aux journalistes de donner l'impression qu'ils sont loin, très loin de toute connivence avec les services de communication. « Ils sont nuls à la com' de l'Élysée, ils auraient pu prévoir un parapluie en Bretagne (pas besoin d'être Météo France) », etc., etc.

Or, en réalité, la com' de l'Élysée avait proposé à François Hollande de renoncer à l'île de Sein, vu les prévisions météo. Mais le président voulait rendre hommage aux Résistants, coûte que coûte. Et sur place, l'aide de camp du chef de l'État lui a proposé un parapluie. Mais il a refusé, jugeant indécent ce privilège, alors que les héros de la Guerre demeuraient stoïques sous la pluie.

Que n'aurait-on d'ailleurs dit, à l'inverse, si le président était allé se planquer sous un abri alors qu'il était censé rendre hommage à l'esprit de Résistance ? Dans cette image, intrinsèquement, il y a une posture plutôt digne, où l'homme brave les éléments et le décor minéral pour rendre hommage aux morts pour la Patrie.

Mais la presse ne s'autorise pas à dire tout ça, puisque ça ne colle pas avec le contexte politique. Donc l'image est interprétée, détournée de son vrai sens de départ, pour lui faire dire ce que l'on sait déjà mais qui n'a rien à voir avec le schmilblick, à savoir que la coque du bateau Hollande est percée.

Il faut toujours se méfier des images !

La bataille de Sivens
31 octobre 2014

Dans la nuit du samedi 24 au dimanche 25 octobre 2014, un jeune homme, Rémi Fraisse, meurt dans les affrontements entre forces de l'ordre et opposants au barrage de Sivens dans le Tarn.

Cette bataille possède deux facettes : la communication et l'information.

En termes de com', d'abord, le bilan de cette dernière semaine d'octobre 2014 est simple : le gouvernement a perdu.

Les conditions de la mort du jeune homme y sont pour beaucoup, qui semblent montrer du doigt la responsabilité des forces de l'ordre. Mais il y a d'autres raisons.

Le profil de la victime, un jeune « botaniste », comme l'écrit une partie de la presse, fait pencher la balance, par le biais du vocabulaire, du côté de la sympathie.

Il y a aussi l'arrière-plan symbolique de la lutte du pot de terre contre le pot de fer, imprégné de la mythologie du conte façon Robin des Bois. Cet inconscient collectif imprègne le discours médiatique, au sein duquel la méfiance est réelle vis-à-vis du « grand bluff technologique » autrefois dénoncé par Jacques Ellul.

Enfin, dernière raison, il y a le « retard à l'allumage » du pouvoir. François Hollande a réagi en exprimant sa compassion, mais tardivement. Mardi 27 octobre au matin, plus de 48 h après les faits, le chef de l'État et le gouvernement ont soudainement compris qu'il fallait penser à la victime et le dire. Tout le monde y est donc allé de sa petite formule, avec les mêmes éléments de langage.

Mais il était trop tard. Dans ce sprint médiatique aussi absurde que permanent, la compassion doit s'exprimer quasi immédiatement, fût-elle un passage obligé un brin hypocrite. La contre-attaque en termes de communication, pourtant fondée sur des arguments (les opposants au barrage ne sont pas que des enfants de chœur) est arrivée alors que la bataille était déjà perdue !

L'autre volet du bras de fer médiatique, c'est l'information, et là aussi, il y a des perdants : ce sont sans doute les médias classiques.

D'abord, c'est tout bête : ils sont arrivés après les faits. Les seules images disponibles sur les affrontements du 24 octobre au soir sont donc des images tournées soit par des nouveaux médias sur Internet comme *Vice News*, soit par les manifestants eux-mêmes. Résultat, au journal télévisé, on a dû récupérer des images amateur, des images diffusées sur Internet par le groupe anarchiste GROIX. En tout cas des images militantes et non journalistiques. C'est tout de même troublant.

Allons plus loin dans le raisonnement : les bras de fer de Sivens ou de Notre-Dame des Landes révèlent un déficit de fonctionnement démocratique. Et les médias traditionnels y ont leur part de responsabilité, à force d'attendre les situations de crise pour traiter un sujet.

La presse, si elle veut combattre la défiance à son endroit, doit donc surtout enquêter sur les futurs Sivens : à Bure, à Avignon ou sur le site du TGV Lyon-Turin. Quand la crise arrive, il est déjà trop tard pour informer posément. Parce qu'alors les arguments simplistes l'emportent et la com' l'emporte sur l'information.

La bimbo et le robot
14 novembre 2014

Le 9 novembre 2014, la star de la télé réalité Nabilla est mise en examen pour agression contre son compagnon. Une grande partie de la presse et des télévisions d'info continue trouvent le sujet plus important que l'atterrissage du robot Philae sur la comète Tchouri quelques heures plus tard.

Cette semaine, c'est « rime en *a* ! »

Nabilla et Rosetta.

Hormis le énième épisode des Pieds Nickelés de la politique, aucun autre sujet n'a vraiment surnagé dans le « bruit médiatique » des derniers jours. Essayons donc de comprendre cette égale passion pour l'infiniment petit et l'infiniment grand !

Nabilla, d'abord.

« Mise en examen de la starlette de la téléréalité, soupçonnée d'avoir agressé son petit ami » : 14 articles sur le site du *Figaro* et du *Parisien*, j'ai bien dit 14… !! Deuxième titre dans la hiérarchie de l'information, dans plusieurs éditions des chaînes d'info continue dimanche 9 novembre, devant les vingt-cinq ans de la chute du mur de Berlin.

Ce « succès » médiatique d'un maigre fait divers traduit évidemment la pipolisation en cours mais surtout l'influence croissante des réseaux sociaux sur le journalisme.

Nabilla est une star chez bon nombre d'ados, avec son million d'abonnés sur Twitter. Et ses mésaventures judiciaires ont déclenché 100 000 tweets en 48 heures.

Le fait nouveau, c'est que la presse se sent désormais obligée de reprendre à son compte les sujets qui font les choux gras des réseaux sociaux. Et ce faisant, elle les légitime.

Dans cet épisode, il y a enfin une autre source de fascination plus ou moins consciente : c'est le basculement dans le réel sordide, d'une personnalité sortie de l'illusion la plus artificielle, la mal nommée « télé-réalité ».

Deuxième partie de semaine, nouvelle passion médiatique : cette fois, c'est l'infiniment grand.

Les aventures du robot Philae, lancé par la sonde Rosetta, possédaient, il est vrai, plusieurs ingrédients pour capter l'intérêt médiatique. Pêle-mêle :

- compte à rebours du largage et de l'atterrissage, façon film à suspense ;
- incarnation du rêve d'enfant, comme un Petit Prince de Saint-Ex ;

- avancée scientifique dans notre quête sur le destin de l'Humanité ;
- réussite d'une entreprise européenne (ce n'est pas tous les jours…) ;
- triomphe du temps long sur l'obsession du court terme ;
- sensation que ça nous change les idées du brouhaha politique ;
- et, faute de « bimbo » médiatique, un petit robot avec un nom, Philae, qui forcément, étymologiquement, le fait… aimer !

France Inter vous doit donc des excuses : mille excuses, les plus plates ! Sur Inter, on en a fait des tonnes sur l'infiniment grand… Et dans nos journaux, on a quasiment « oublié » l'infiniment petit ! Je sais, en 2014, c'est vraiment un choix éditorial déraisonnable… Normalement, aujourd'hui, un média cède à la pression des réseaux sociaux, surtout si elle porte sur l'infiniment petit. Parce qu'on se dit qu'on a dû rater quelque chose, qu'il faut « rattraper le coup » et qu'il faut parler des sujets du café du commerce. Comme si le « café Internet » en question attendait nécessairement des médias qu'ils parlent de la même chose que lui, et qu'ils ne fassent pas le tri.

Maxime, 22 ans
21 novembre 2014

Le 17 novembre 2014, un jeune français de 22 ans, Maxime Hauchard, est identifié dans une vidéo du groupe État islamique où est assassiné et décapité l'otage américain Peter Kassig.

En coulisses, le sujet a été débattu en conférence de rédaction à France Inter : comment nommer les jeunes Français partis faire le djihad en Syrie ou en Irak, dont les visages s'étalent dans la presse ? Conclusion consensuelle : il faut les appeler par leur patronyme entier, nom et prénom.

Or, spontanément, certains d'entre nous peuvent être tentés d'utiliser uniquement leur prénom. Dans *Le Figaro* par exemple, mardi 18 novembre, c'est bien le prénom seul qui a été utilisé, pleine Une : « Maxime, 22 ans ». Conséquence compréhensible de l'effet de sidération qui frappe aussi les journalistes, comprendre que les candidats au djihad peuvent désormais venir de partout !

Dans le cas de Maxime Hauchard, l'effet de sidération joue à plein : comme un Dupont ou un Martin, il porte un nom « bien de chez nous », a une peau tout ce qu'il y a de plus « blanc » et une « origine » Normandie, maisons à colombage et clocher de campagne.

C'est bien là le fait troublant. Ce « label » made in France fait que soudain, on peut être tenté de dire « Maxime », juste le prénom, comme on le ferait, avec compassion, pour un enfant victime d'un fait divers.

A-t-on appelé Merah, « Mohammed » ? Ou Nemmouche, « Mehdi » ? Non ! Alors pourquoi appeler « Hauchard », « Maxime » ?

On devine bien le non-dit, inconscient : un patronyme arabe et vous avez logiquement place parmi les barbares. Un patronyme occidental chrétien, et vous êtes logiquement une anomalie, un « enfant perdu », si vous êtes un barbare.

Une autre formulation pose également question. C'est la formulation « converti à l'Islam », abondamment utilisée dans la presse, pour qualifier ces trois jeunes gens. Évidemment, il est intéressant de relever que les candidats au djihad, le plus souvent, n'ont pas l'Islam pour religion native. Mais la formule n'en pose pas moins problème.

Elle « essentialise » l'Islam, laissant entendre qu'il s'agirait d'une pensée homogène.

Elle laisse penser, tout comme la formule « islamiste modéré », que la religion musulmane serait intrinsèquement porteuse de violence.

Enfin, elle assimile le djihad terroriste à un mouvement religieux là où il s'agit d'un mouvement politique, qui prospère précisément sur la méconnaissance de la religion.

Plus que de « convertis à l'Islam », il s'agit donc surtout de jeunes « extrémistes et radicalisés ».

Selon la formule consacrée, il y a le poids des mots, et le choc des photos. La diffusion des images, captations des vidéos de l'organisation État islamique, est un piège pour les médias. Les relayer, c'est, mécaniquement faire le jeu des terroristes, puisqu'il s'agit de documents de propagande, réalisés par des professionnels de la communication. Le choix des « figurants » n'y doit rien au hasard. Et la mise en scène encore moins, en particulier le fait qu'ils apparaissent à visage découvert.Il s'agit, pour l'organisation djihadiste, de se poser en opposant numéro Un de l'Occident, de signifier qu'elle recrute tous azimuts, et de séduire de nouveaux aspirants à la violence extrême.

Alors certes, montrer Maxime Hauchard et de ses congénères, paraît inévitable. Ne serait-ce que pour rappeler combien la barbarie possède visage humain. Mais, à tout le moins, accompagnons ces clichés de légendes adaptées. Sous l'image du jeune Normand en treillis et à longue barbe, n'écrivons pas « Maxime, 22 ans ». Mais « Maxime Hauchard, assassin ».

Allahou Akbar fait recette
26 décembre 2014

En 4 jours, entre le 19 et le 23 décembre 2014, trois faits divers d'agressions se succèdent à Joué-lès-Tours, Dijon et Nantes où, à chaque fois, est évoqué le fait que l'agresseur aurait crié «Allahou Akbar». Un amalgame erroné.

Un assassin qui crie «*Allahou Akbar*», c'est un «scénario idéal» pour faire la Une des médias. Entre inquiétude légitime face à la radicalisation islamiste et référent fictionnel tout droit sorti d'un film d'horreur.

Dans le bruit médiatique dominant, ce «cri du tueur» a été abondamment évoqué après les trois attaques du début de semaine. Seulement voilà, qui a vraiment dit en arabe «Dieu est le plus grand»? À Joué-lès-Tours, l'apprenti terroriste aurait bien prononcé la phrase. À Nantes, c'est l'inverse : l'auteur de l'agression n'a rien dit de tel.

Reste l'affaire chronologiquement au milieu, à Dijon, celle par laquelle s'est instaurée l'impression d'une loi des séries, «Peur sur Noël»... C'est la plus troublante sur le fonctionnement médiatique.

Lundi 22 décembre au matin, juste après les faits, de nombreux médias affirment que l'agresseur a prononcé la fameuse formule.

À l'origine de cette affirmation : une dépêche de l'Agence France Presse titrant, peut-être un peu précipitamment, « Un automobiliste fonce sur des passants aux cris d'*Allahou Akbar* ». Mais dans le corps de la dépêche, pas de témoins directs du cri en question. Les journalistes évoquent uniquement, je cite, « des témoignages recueillis par la police ».

Quelques heures plus tard, nouvelle dépêche de l'AFP : dans cette version corrigée, c'est l'homme lui-même qui a affirmé aux policiers avoir crié « *Allahou Akbar* » pour, je cite, « se donner du courage ». Toujours pas de témoin de la formule choc. Et sachant que l'homme a fait 157 passages en unité psychiatrique, il peut même s'agir d'une affabulation totale.

Il n'y a donc qu'une seule affaire où le cri est avéré. Aucune loi des séries. Dans ce contexte, les politiques ont contribué à gonfler la psychose islamiste.

Certains y ont évidemment un intérêt bien compris. Le Front national ne s'est pas privé de faire l'amalgame, en assimilant tous ces événements au terrorisme islamiste.

Mais le pouvoir en place a, lui aussi, contribué à dramatiser la situation. Comme son Premier ministre, le chef de l'État en déplacement à Saint-Pierre-et-Miquelon, s'est senti contraint d'en parler. Avec des propos paradoxaux : « Ces trois affaires n'ont rien à voir », mais il faut renforcer la vigilance !

Les dirigeants politiques sont souvent persuadés que face au moindre fait divers, il faut « occuper » le terrain médiatiquement, pour ne pas se voir reprocher d'être insensibles ou inactifs. Mais en mélangeant ces affaires, ils peuvent aussi se transformer en pompiers… pyromanes.

Quant aux médias, ils n'allaient évidemment pas se taire sur ces trois agressions, *a fortiori* dans le contexte de radicalisme islamiste. Mais c'est précisément aussi à cause de ce contexte que la presse doit peser les mots.

Il ne s'agit pas de ne pas dire, il s'agit de ne pas aller trop vite, pour éviter d'être inexact et d'alimenter la psychose générale, en titrant sur la formule la plus facile, la plus vendeuse. En l'occurrence « *Allahou Akbar* » !

Sans compter qu'aller trop vite, c'est aussi alimenter le mimétisme : suggérer aux plus radicaux « un mode opératoire ».

Aller trop vite, c'est tentant, mais c'est jouer avec le feu.

L'information en urgence face aux réseaux sociaux 16 janvier 2015

Entre le 7 janvier et le 11 janvier 2015, la France vit au rythme des attentats (Charlie Hebdo, porte de Châtillon, Hyper Cacher), puis de la traque des terroristes. Les réseaux sociaux sont en première ligne sur la diffusion des informations.

En ce début janvier 2015, le rôle des réseaux sociaux a été incessant : au moment des attentats, lors de la traque des assassins, dans la mobilisation « Je suis Charlie » et aussi dans la contestation de ce mouvement. Par les vraies informations qu'ils ont divulguées, par les fausses rumeurs qu'ils ont propagées, par les vidéos qu'ils ont diffusées, par les mobilisations virales qu'ils ont créées.

Les médias classiques doivent faire avec cette concurrence protéiforme, incontrôlable, aiguë au moment des pics d'actualité. Et cette concurrence place les médias et les journalistes professionnels devant leurs responsabilités. Avec un double défi à la clé.

Le premier, c'est de se méfier de la rapidité des réseaux sociaux. Les médias de référence doivent se comporter comme un tamis. Je m'explique.

En période d'actualité intense, le public est avide d'information. Du coup, tous les grands médias basculent dans des sessions d'information continue. Sur France Inter : près de 40 heures d'édition spéciale en cinq jours, entre le 7 et le 11 janvier 2015.

Mais il faut alimenter ces éditions spéciales. La tentation est donc grande de se tourner vers les réseaux sociaux et leur « robinet » ouvert en permanence. Or ce robinet vit de la rumeur, se nourrit des discours extrémistes et fonctionne à l'immédiateté. En ce sens, il pousse à l'erreur. Dès lors, si on ne met pas un tamis sous le robinet, on a tôt fait, comme on l'a vu ici et là dans certains médias :

- d'annoncer par erreur l'arrestation des terroristes ;
- de jeter en pâture le nom d'un complice présumé qui n'a rien à voir avec les assassins ;
- de mettre en péril la vie d'innocents ;
- de propager des rumeurs infondées sur un attentat contre une synagogue.

Face à la masse de prétendues informations qui circulent sur Internet, essayons d'éviter de basculer dans la course hystérique. De faire le tri. De maintenir toujours, coûte que coûte, malgré la pression du direct, de l'urgence, une chaîne de vérification de l'information. Perdre une demi-heure, mais y gagner une information fiable. Sinon il ne faudra pas s'étonner que la confiance dans les médias s'étiole.

L'autre défi est inverse : les médias doivent apprendre des réseaux sociaux. Twitter et Facebook ont un mérite évident, ils sont un vecteur d'information ascendante. Directe. Du bas vers le haut.

Ils peuvent rendre visible ce que les médias classiques et *a fortiori* les gouvernants ne repèrent pas nécessairement. Ils nous ont montré, les premiers, que le mouvement « Je suis Charlie » est loin de faire l'unanimité. Que la critique des religions est très mal perçue par tout un pan de la société. Que l'éducation à la laïcité est un mirage.

Ce n'est pas du « politiquement correct ». Mais le fait est là. Les réseaux sociaux portent la parole de populations, de quartiers, de communautés, que les journalistes professionnels par trop souvent délaissent. Et c'est logiquement au sein de ces mêmes espaces sociaux que les médias classiques sont perçus comme illégitimes, voire mensongers.

Notre devoir est d'investir ces espaces. Il en va, là encore, de notre légitimité. Il en va aussi de notre rôle citoyen dans une société fissurée. Ne pas mettre la poussière sous le tapis. Soulever toutes les questions qui dérangent. Porter, toujours, la plume dans la plaie.

Volkswagen désigné coupable
25 septembre 2015

Le week-end du 19 septembre 2015 est révélé un énorme scandale industriel. La firme automobile allemande Volkswagen admet avoir utilisé un logiciel dissimulant les émissions polluantes de ses moteurs diesel. En quelques jours, le patron de VW est contraint à la démission.

Le constructeur allemand n'a pas eu le temps de dire ouf : aussitôt accusé, aussitôt condamné ! Emporté en trois jours par un tourbillon médiatique mondial. Un tourbillon alimenté par plusieurs ingrédients.

D'abord, il y a le « fond de sauce » : la passion pour l'automobile, cet objet magique décrit par Roland Barthes. Avec en plus, en l'occurrence, un parfum « James Bond » de trucage technologique !

Mais surtout, il y a dans cette histoire une série de revanches, qui favorisent l'emballement.

La première, c'est celle des petits contre les gros, des automobilistes contre les constructeurs. Ce n'est pas un hasard si les réseaux sociaux ont tant contribué à diffuser cette information, y compris en la détournant.

Exemple : une photo de Dark Vador avec un « masque de respiration » en forme VW.

Deuxième revanche : contre l'Allemagne et son arrogance présumée, s'incarnant dans le slogan de Volkswagen, « *Das Auto* », comme si c'était LA voiture par excellence. Les Grecs en particulier ont dû apprécier que les Allemands se voient accusés de tromperie.

Troisième revanche, interne à la presse : celle des journalistes généralistes contre leurs confrères spécialisés dans l'automobile, parfois perçus comme les porte-voix publicitaires des grandes marques, en échange de voyages offerts pour essayer les véhicules.

Enfin, quatrième acte de représailles, les journalistes contre les communicants, omniprésents dans le monde de l'automobile et faisant régulièrement pression sur certains médias privés par le biais des contrats publicitaires. Exemple au printemps dernier, où Volkswagen avait confié sa campagne de communication en France, pour la Golf, à une régie pub directement liée à un grand groupe de presse écrite.

Le risque, en décrétant Volkswagen coupable, c'est de perdre de vue plusieurs autres sujets.

D'abord, ne pas oublier que ce scandale fleure bon la guerre économique. Au départ : une enquête de justice américaine contre un concurrent de l'industrie automobile américaine. Comme par hasard ! En France, BNP Paribas et Alstom sont bien placés pour savoir que cette stratégie « judiciaire » est très au point outre-Atlantique.

Deuxième risque : se bercer de l'illusion selon laquelle Volkswagen serait le seul « mouton noir ». Si on élargit à l'ensemble du monde industriel, on sait, par exemple, que l'obsolescence programmée est d'un usage très répandu. Et ce n'est pas plus vertueux que la tricherie à la pollution.

Enfin, le plus flagrant, c'est que la presse s'est d'abord focalisée… sur le mensonge ! D'où le calcul de communication de crise de Volkswagen : on avoue. Puisqu'aux États-Unis, puritanisme oblige, faute avouée est à moitié pardonnée.

Essayons de ne pas tomber dans le panneau ! Le plus grave, ce n'est pas la tricherie. Le plus grave, c'est la pollution. Quarante fois supérieure au chiffre annoncé.

La « bulle » Morano
2 octobre 2015

Le 26 septembre 2015 au soir, dans l'émission « On n'est pas couché », Nadine Morano, tête de liste Les Républicains en Meurthe-et-Moselle pour les élections régionales en Alsace Lorraine Champagne Ardennes, affirme que « la France est un pays judéo-chrétien de race blanche ». La machine médiatique s'emballe.

C'est une « bulle », parce qu'elle contient essentiellement du vide. Et c'est une bulle fabriquée… par les médias !

Premier rouage du mécanisme, samedi 26 septembre au soir : Nadine Morano est invitée dans une émission d'*infotainment*, comme disent les Américains. Entre information et divertissement. Le concept, c'est de faire du buzz, donc d'inviter des clients dont on sait qu'ils peuvent déraper avec des propos simplistes. Avec Morano, c'est garanti sur facture. Ça n'a donc pas raté.

Deuxième rouage, les deux jours suivants : comme l'émission est très regardée par le microcosme médiatico-politique, Twitter, cette version numérique du dîner en ville des journalistes, place en quelques heures « Morano » en tête de ses mots-clés. Les chaînes d'information continue embrayent, puisque leur logique est la même.

À ce stade, les principaux médias traitent le sujet uniquement en bref. En conférence de rédaction à France Inter, on choisit d'abord d'ignorer délibérément le sujet. Mais à un moment donné, le front se fissure...

Troisième rouage, le « mimétisme » médiatique finit par gagner. Nadine Morano se retrouve invitée dans la matinale d'une grande radio. Les dirigeants politiques, aiguillonnés par le ramdam, n'ont plus d'autre choix que de réagir. Après quatre jours de tergiversation, Nicolas Sarkozy annonce des sanctions.

La bulle est devenue si grosse que la machine devient inarrêtable ! Une du *Parisien* jeudi matin, quatre jours après les faits : « Le cas Morano ».

Voilà donc l'exemple type d'une fabrication médiatique de A à Z, avec ses trois ingrédients :

- la priorité donnée aux formules excessives, auxquels on prête abusivement la qualité d'incarner la pensée de la majorité silencieuse ;
- le rôle de Twitter qui comme tous les réseaux sociaux se passionne pour les propos où il n'y a pas de « surmoi » ;

– la tendance des médias à tous se regarder en chiens de faïence.

Évidemment, on peut nous objecter plusieurs arguments, à commencer par le fait que les propos de Nadine Morano n'ont quand même pas été inventés.

On peut également considérer que Nadine Morano constitue un invité légitime dans les médias, puisque c'est une ancienne ministre et secrétaire d'État. Sauf qu'elle doit l'essentiel de son parcours politique à ses saillies dans la presse ! Morano, c'est donc comme Nabilla, d'abord une création médiatique, autolégitimée par les médias.

Autre objection possible : cette affaire aurait le mérite de montrer combien le discours xénophobe, nourri de contre-vérités historiques, gagnerait du terrain en France. Mais, franchement, là, on fait semblant de découvrir la Lune : on n'a pas attendu la « race blanche » de Nadine Morano pour en faire le constat. Et là encore, si cette pensée se propage, merci qui ? Merci les médias ! Ou du moins ceux qui font le choix de privilégier les polémistes aux intellectuels et les peurs passionnelles aux raisonnements nuancés.

Au bout du compte, les seuls vainqueurs sont… le Front national et les adorateurs de l'audimat !

Le spectacle roi

Les vidéos de l'État islamique
5 septembre 2014

À quelques jours d'intervalle, le 19 août puis le 2 septembre 2014, le groupe État islamique diffuse les vidéos de décapitation de deux otages américains, James Foley puis Steven Sotloff. Certains médias les reprennent, d'autres non.

Le 19 août 2014, le groupe État islamique envoie sur Internet une vidéo montrant la décapitation de James Foley, avec la voix de l'un des terroristes menaçant les États-Unis. Ce 2 septembre, répétition de l'horreur : nouvelle vidéo, même rituel. Assassinat d'un autre journaliste américain, Steven Sotloff.

Face à ces images barbares, les médias, pourtant prompts au mimétisme, sont divisés.

Si vous regardez France 2 ou Al Jazeera, si vous lisez *Le Monde* ou *Libération*, ou si vous êtes adepte du site de France Inter, vous n'avez pas vu ces images.

Si vous préférez *Le Figaro*, *Le Parisien*, *L'Humanité*, si vous aimez TF1, CNN ou BFM TV, alors vous les avez vues, parfois en boucle, et parfois avec un soupçon d'hypocrisie quand le visage de la victime est flouté. Piètre artifice de pudeur.

Il n'y a pas pour l'instant le moindre embryon de réflexion commune dans les médias sur l'attitude à adopter face à ces vidéos macabres.

Question centrale : faut-il montrer ces images ?

À mon avis, il faut les décrire, mais pas les montrer. Parce que ce sont des images de communication, minutieusement mises en scène par des professionnels de l'image, avec un code couleur spectaculaire et symbolique. Leur objectif : nous terroriser et recruter des apprentis djihadistes.

On me rétorquera d'abord qu'il faut montrer la barbarie humaine pour mieux l'éradiquer. Que les images des camps d'extermination, par exemple, sont des documents pour l'Histoire. C'est exact mais ces deux cas n'ont rien à voir.

Les vidéos de l'État islamique ne sont pas des images d'information, qui cherchent à découvrir ce qui est dissimulé, comme la Shoah. C'est l'inverse : ce sont des images de propagande, délibérément diffusées par leurs auteurs. Les relayer, c'est se faire le porte-voix des terroristes.

On me rétorquera ensuite que, de toute façon, on peut voir ces images sur Internet. L'argument est irrecevable : diffuser un document au seul prétexte qu'on peut aussi le voir ailleurs, c'est renoncer à la mission d'informer. Le journalisme, c'est le tri avant le voyeurisme.

Plus largement, cet exemple est révélateur du manque de sources et d'informations fiables sur l'État islamique. Et la fascination malsaine de certains médias pour ces images est d'autant plus forte qu'elle dissimule le vrai problème journalistique : on ne sait quasiment rien de l'État islamique.

Aucun journaliste n'a jamais approché directement ni ses dirigeants ni ses militants. Il n'y a aucun témoignage de première main, aucune image prise librement par des photoreporters professionnels. On cherche donc l'illustration, quitte à utiliser des vidéos douteuses. Et les dérives guettent.

Un exemple : récemment, une vidéo a circulé montrant des femmes enchaînées, présentées comme réduites en esclavage par les djihadistes en Irak. En réalité, cette vidéo provenait d'une cérémonie traditionnelle chiite au Liban. Aucun rapport !

Si l'on veut dénoncer la barbarie, alors mieux vaut éviter d'utiliser soi-même des procédés douteux.

En automne il pleut
3 octobre 2014

Le 29 septembre 2014, des orages diluviens frappent la région de Montpellier. Les inondations et les dégâts sont importants. Les télévisions en font leurs gros titres.

En automne, vous savez quoi ? Il pleut !

Et cette fin septembre 2014, on a eu droit à gogo à des témoignages sur le sujet, après les inondations qui ont touché l'Hérault. Exemple type : un habitant de Montpellier les pieds dans l'eau essayant de faire redémarrer sa voiture…

Enfin plus exactement, vous y avez eu droit à gogo, surtout si vous regardez la télévision. La règle souvent valable du mimétisme entre médias ne vaut pas sur ce type de sujet.

Dans la presse écrite, à l'exception logique de la presse locale, quasiment rien : une brève dans *Le Monde* ou *Le Figaro*, une demi-page dans *Libération*, une page dans *Aujourd'hui en France*. 1 à 2 % de l'espace informatif.

À la radio, France Inter compris, un peu plus : ouverture de journaux, en particulier le matin qui a suivi les orages. 10 à 15 % du temps d'antenne des journaux.

Au journal télévisé, changement de braquet : en deux jours, les 20 h de TF1 comme de France 2 ont consacré 25 minutes de temps d'antenne à ces inondations. Soit près de 40 % de leur temps d'information.

En même temps, il faut bien dire que c'était impressionnant : autant de pluie en une nuit qu'en six mois, 4 000 personnes secourues, plusieurs millions d'euros de dégâts. Il ne s'agit donc pas de nier l'existence du sujet. Pas davantage de nier le désarroi des personnes touchées.

La question est autre : c'est celle de la proportion. Après tout, ces orages n'ont fait aucune victime. Et le même jour, on pouvait titrer sur la colère des professions réglementées, l'envol de la contestation à Hong Kong ou la reprise du travail à Air France.

Mais au fil des ans, ces sujets météo sont de plus en plus valorisés à la télévision. Exemple le plus flagrant : il y a un an et demi, lors de l'enneigement, spectaculaire là aussi, du tiers nord de la France. Là non plus il n'y avait pas eu de victime, mais les JT avaient consacré 32 minutes au sujet. 32 sur 35. Presque comme s'il s'agissait des attentats du 11 septembre.

Il y a plusieurs explications à cette fascination de la télévision pour les images d'inondations.

D'abord, les images sont spectaculaires. Répétitives mais spectaculaires. C'est du show.

Ensuite, c'est du journalisme compassionnel : « Regardez, nous sommes aux côtés des gens qui souffrent »... Peu importe si c'est important ou pas. Ce qui compte, c'est l'effet miroir pour séduire le client.

Et puis la météo est un peu à l'information ce que le PGCD est aux maths : le plus grand commun dénominateur. Ça parle à tout le monde. Donc on ne fâche personne en lui accordant une large place.

Enfin, à l'arrière-plan, dans une forme d'inconscient collectif, il y a l'idée que « les éléments, c'est plus fort que toi ! ». Et que le climat est déréglé. Et là, pour le coup, il y a un VRAI sujet.

Mais le dérèglement climatique ne fait pas 15 minutes d'affilée dans le JT. Dans le JT, le VRAI sujet, c'est « y'a de l'eau dans ma voiture ». Le vrai sujet c'est : en automne, il pleut ! !.

La fièvre médiatique sur Ebola
17 octobre 2014

Début octobre 2014, les fausses alertes à la fièvre mortelle Ebola, qui frappe durement le Liberia, la Sierra Leone et la Guinée, se multiplient en France. Une quasi-psychose s'installe avant de retomber aussi vite qu'elle était montée.

Manuel Valls a été le premier à mettre les pieds dans le plat le 10 octobre, en dénonçant un emballement médiatique sur le sujet. Observation justifiée : en trois semaines, il y a déjà eu en France 13 fausses alertes au virus, dont un bon nombre alimenté par des annonces médiatiques précipitées, du style « je vais vous annoncer avant tout le monde qu'il y a un cas d'Ebola en France... ». Une « course à l'échalote » un brin déplacée sur ce genre de sujet.

Apothéose : le 16 octobre au soir, l'annonce d'un simple cas suspect fait la Une et déclenche une grosse couverture médiatique, en particulier au JT.

La presse se transforme alors en caisse de résonance qui amplifie le danger. Et les effets en chaîne sont connus : psychose et panique irrationnelle, comme dans une école de Boulogne-Billancourt il y a quelques jours...

Si les médias se passionnent pour la fièvre Ebola, c'est parce qu'il y a plein d'ingrédients réunis pour faire monter la sauce médiatique.

D'abord, Ebola, c'est spectaculaire. On se croirait dans un film catastrophe, avec les combinaisons de spationautes des personnels de santé et le suspense, aussi bien sur le dépistage des malades que sur la recherche du vaccin.

Ensuite, Ebola, c'est un avatar des vieilles peurs ancestrales : Apocalypse biblique, peste noire du XIVe siècle ou grippe espagnole du début du XXe. Et les médias cultivent ces éléments de l'imaginaire collectif.

Enfin, il y a à l'arrière-plan, un goût, un peu aigre, de condescendance néocoloniale : la maladie vient d'Afrique… mais peut arriver jusqu'à nous. Comme une mondialisation dans le « mauvais sens ».

On le notera au passage : hormis dans quelques médias comme France Inter, Ebola n'a commencé à faire la Une qu'avec un premier mort en Occident.Ça pèse plus lourd que 4 500 morts en Afrique de l'Ouest.

Il ne s'agit pas de nier que la menace est sérieuse. Et il faut évidemment informer sur le sujet : sur la propagation rapide du virus en Afrique de l'Ouest, sur les contrôles sanitaires dans les aéroports, sur la recherche vaccinale.

Mais informer, c'est aussi garder le sens de la mesure. 4 500 morts jusqu'à présent, on est encore très loin du million de morts annuel du SIDA ou des 600 000 morts annuels du paludisme. Sans oublier qu'en Occident, la grippe, cet hiver, va tuer plus certainement que le virus Ebola.

Informer c'est aussi rappeler qu'il y a eu récemment des alertes parfois excessives, par exemple sur la grippe aviaire.

Et c'est surtout constater qu'Ebola est une maladie des pays très pauvres, là où les structures sanitaires sont inexistantes.

Bref, informer sur ce virus, c'est alerter, mais sans alimenter la panique. Préférer le reportage équilibré à la mise en scène de film catastrophe. Et ça, dans les médias, c'est pas gagné !

Juppé sous les sifflets
28 novembre 2014

Le 22 novembre 2014, Alain Juppé est sifflé dans sa propre ville de Bordeaux par les partisans de son rival Nicolas Sarkozy lors d'un meeting de ce dernier.

Vous n'avez pas pu y échapper : Alain Juppé hué, en ce samedi 22 novembre, lors d'un meeting commun avec Nicolas Sarkozy, en campagne pour la présidence de l'UMP, à quelques jours du scrutin qui débute le 28 novembre. La scène a fait les gros titres, et un tabac sur les réseaux sociaux : sur Twitter, si l'on tape le hashtag « #sifflet », on tombe automatiquement sur une photo d'Alain Juppé !

Ce succès médiatique est logique, parce que la scène réunit plusieurs éléments de rareté.

D'abord, et c'est peu fréquent, c'est un document purement radiophonique : un son. Des sifflets. Alors que le plus souvent, c'est un mot ou une image, pas un bruit, qui fait l'événement. Dans plusieurs sujets télévisés, le son a d'ailleurs été amplifié au montage. On ne voit pas les militants qui sifflent, mais on les imagine. Puissance évocatrice du son et de la radio.

Deuxième ingrédient, l'écho médiatique est d'autant plus fort que l'événement est imprévu ! Dans sa propre ville, le maire de Bordeaux est conspué par les militants de son propre parti. Comme s'il jouait un match de foot à l'extérieur ! Le fait est d'autant plus inattendu que désormais les meetings politiques obéissent à une communication ultra-cadenassée, où tout est minuté, orchestré.

C'est l'avantage d'une « élection primaire » où les moyens en com' ne sont pas suffisants pour tout verrouiller : l'imprévu est possible. Même si, dans le cas d'espèce, on est en droit de se demander si Alain Juppé n'est pas tombé dans un traquenard. Et pour alimenter cette hypothèse, il y a dans cet épisode, une image… intéressante.

Le son, on l'a dit, est donc l'élément informatif clé. Mais il y a aussi, en effet, une image. Ce n'est pas l'image de l'orateur, tournée par la plupart des télévisions, où Alain Juppé s'efforce de faire bonne contenance face aux sifflets. Non. L'image intéressante, c'est le plan décalé, ou le contrechamp. La technique est cinématographique, trop peu utilisée en télévision. On ne montre pas la personne qui parle, mais la personne qui écoute.

Le Petit Journal de Canal +, dont les procédés sont parfois discutables, a eu, en l'occurrence, l'excellente idée, de filmer… Nicolas Sarkozy pendant les sifflets.

On y voit que l'ancien chef de l'État mesure parfaitement ce qui se passe, affiche un rictus dont on ne sait s'il est d'embarras ou de satisfaction, et ne bouge pas d'un millimètre. Le document est informatif. Vive la technique cinématographique !

Dernier ingrédient du succès de la scène, elle incarne un duel ! Or les médias raffolent des duels. Et cette scène est la preuve flagrante que l'affrontement Juppé-Sarkozy dont parlent les gazettes existe bel et bien. Les sifflets, c'est le duel qui vous saute aux oreilles. Et le duel, c'est vendeur, parce que c'est simple, comme dans un jeu, ou comme sur un ring de boxe. Applaudissez votre poulain, sifflez l'adversaire. Pas de quartier. Pouce en bas ou pouce en l'air !

En l'espèce, les médias ne sont d'ailleurs que le reflet de notre système politique présidentialisé où la figure du « chef » l'emporte sur les débats parlementaires. Le reflet d'une culture politique française où l'on privilégie l'affrontement plutôt que le consensus.

Le crash des hélicoptères
13 mars 2015

Le 9 mars 2015, deux hélicoptères se télescopent en Argentine lors du tournage d'une émission de téléréalité de TF1, « Dropped ». Dix personnes meurent dans l'accident dont trois sportifs français : Florence Arthaud, Camille Muffat et Alexis Vastine.

Les médias se voient souvent reprocher, à juste titre, leur mimétisme. Cette semaine, contre-exemple : le crash en Argentine a été traité de façon hétérogène.

Sur l'échelle de Richter de l'ampleur éditoriale, on trouve successivement…

En bas du curseur, des journaux comme *L'Opinion*, *La Croix* ou *L'Humanité* : simples brèves, ou articles en page intérieure.

Puis, un peu plus haut, *Le Monde* ou *Le Figaro* : titres de Une et sujets d'ouverture sur quatre pages.

Au milieu de l'échelle, France Inter, à peu près la moitié des journaux mardi 10 mars. C'était d'ailleurs déjà trop pour nombre d'entre vous, vous nous l'avez écrit. Même étiage dans des titres comme *Le Parisien* ou *Libération*, consacrant 9 à 10 pages au sujet.

Ensuite, les radios privées, RTL ou Europe 1, environ les trois quarts de leur temps d'information ce mardi 10 mars 2015.

Enfin, tout en haut de l'échelle, *L'Équipe*, avec seize pages de hors-série, et surtout… les télévisions : chaînes d'info continue en édition spéciale non-stop et JT de 20 h, consacrant chacun 35 minutes de leur temps d'antenne au sujet ce même mardi. Sur TF1, cela faisait près de 90 % du journal !

Cette disparité de traitement tient aux « ingrédients » de cette information. Ils sont au nombre de trois.

D'abord, c'est un fait divers. Deux hélicoptères se télescopent. 10 morts. C'est un accident. Impressionnant et relativement rare par son ampleur, mais un accident. Sans enjeu de société à la clé.

Deuxième ingrédient, le sport. Trois sportifs parmi les victimes, et pas n'importe lesquels. Trois personnalités au parcours hors-norme, notamment Florence Arthaud, symbole de la féminisation du sport.

Troisième ingrédient, la télévision. Tournage d'une émission de divertissement, futile aventure à grand spectacle, variante de la télé-réalité.

Le résultat est donc mécanique : plus un média accorde d'importance au fait divers, au sport, et à la télévision, plus il a traité le sujet. Adéquation flagrante. Et qui devient caricaturale dans le cas des JT, la télévision n'aimant jamais rien tant que de parler d'elle-même. Il n'est qu'à voir comment les animateurs télés passent leur temps à s'inviter les uns les autres dans leurs émissions respectives. Effet miroir à l'infini.

Et ces trois ingrédients renvoient tous à la société du spectacle. C'est la réunion de trois facettes du « spectaculaire » : le crash aérien, la compétition sportive, le divertissement télé.

Sans faire nullement offense à la mémoire des victimes, on peut avancer que ce crash en Argentine, est à bien des égards, une « maison témoin » de la « société du spectacle ».

Ce qui est à l'œuvre dans le traitement médiatique du sujet, c'est donc le rapport de chacun des médias à cette « société du spectacle », plus ou moins distancié, plus ou moins acteur du « show » en question.

Tâchons donc de conserver à l'esprit que le spectacle, s'il devient omnipotent et central dans la vie sociale, devient alors aussi… une aliénation. Une illusion qui nous coupe de la vie réelle.

La fascination du parricide
8 mai 2015

Fin avril – début mai 2015, le torchon brûle entre Marine Le Pen et son père Jean-Marie Le Pen, la première cherchant à débarquer le second du Front national, le parti dont il est le fondateur.

Sauf si vous étiez partis sur Mars, vous n'avez pas pu échapper, au feuilleton « Règlement de comptes chez les Le Pen ». Dans cette fascination médiatique pour la scène du parricide, une image et un mot ont émergé de façon récurrente.

L'image, c'est celle de Jean-Marie Le Pen quittant le siège du FN, à bord de sa voiture, fenêtre ouverte. Image abondamment diffusée, en télévision comme en presse écrite. On y voit le fondateur du parti d'extrême droite, assis sur le siège du passager, avec une moue amère, la ceinture de sécurité attachée, lui rentrant dans le cou. Choix d'une image symbolique : Jean-Marie Le Pen est prisonnier et reconduit vers la sortie. En voiture certes. Mais vers la sortie. Seule échappatoire : la fenêtre délibérément ouverte, pour laisser entrer les micros des journalistes, petit appel d'air. En résumé, une posture de victime. Relayée par les médias.

Quelques jours plus tôt, le 1er mai, on avait déjà eu droit à une autre image saisissante : Jean-Marie Le Pen, montant à la tribune, délibérément vêtu d'un imperméable rouge vif, et recueillant les vivats. Un choix de couleur iconoclaste au FN, le faisant apparaître comme un sympathique trouble-fête.

À ces images troublantes s'ajoute un mot troublant, un qualificatif abondamment utilisé dans presque tous les médias pour désigner le fondateur du Front national : « patriarche ». Pour nombre de journalistes, Jean-Marie Le Pen est désormais « le patriarche »...

Définition, selon le dictionnaire *Le Robert*, au choix :

- « chef d'Église très important » ;
- « chef de famille d'une grande longévité et fécondité » ;
- « vieillard qui mène une vie simple et paisible entourée d'une grande famille ».

Le mot est clairement à connotation positive, presque affectueuse. Qu'on y songe ici : Jean-Marie Le Pen serait donc devenu une respectable figure tutélaire et protectrice, gage de sagesse... Là encore, sous-entendu, une victime.

Au total, le traitement médiatique de cet épisode du parricide au FN laisse une étrange sensation.

La fascination de la presse pour cet épisode est compréhensible, tant il recycle des mythes ancestraux : un soupçon d'Œdipe freudien et un zeste de drame shakespearien façon Roi Lear, le tout couronné d'un duel César-Brutus, « *Tu quoque mi fili* »... À vous de choisir pour déterminer qui, du père ou de la fille, est le bon, et qui est le méchant.

En réalité, peu importe. L'essentiel est ailleurs.

Au bout du compte, on se retrouve, en Une, avec un psychodrame « victimisant » et complaisant, où le regard se focalise une nouvelle fois sur les personnes, au détriment des idées. Sortez les mouchoirs et rangez le cerveau dans le tiroir !

C'est pourtant le programme des hommes politiques qui devrait nous importer. Et là, on n'est pas sûr d'avoir saisi la différence entre le père et la fille. Certes en désaccord quant à leur vision du passé, mais sur leurs propositions pour l'avenir, c'est moins net.

L'épisode des statistiques ethniques de Béziers est venu utilement nous rappeler, qu'à l'extrême droite, l'essentiel est ailleurs que dans les pièces de boulevard... « psychologisantes ».

Les pièges de Palmyre
22 mai 2015

Le 20 mai 2015, l'organisation État islamique prend le contrôle de la ville de Palmyre en Syrie, célèbre pour ses vestiges antiques.

Les images de la « cité antique » de Palmyre en Syrie font la Une de tous les médias français en ce 21 mai 2015. Télévisions, radios, presse écrite, sites Internet. Partout. Avec, partout, la même crainte, répétée : que les djihadistes du groupe État islamique ne détruisent ces vestiges.Crainte évidemment légitime : l'organisation extrémiste, spécialiste en communication, n'aime rien tant que de viser l'imaginaire occidental par le biais de ces vidéos de destruction.

Mais justement. Arrêtons-nous sur les images de la cité antique. Faute de travail journalistique, il n'y a aucun reporter sur place. Alors que nous montre la presse occidentale ?

D'abord des « cartes postales ». Photos idylliques d'un site magnifiquement préservé en plein désert. Soleil et ciel bleu. Et symbolique de l'oasis : comme un îlot de civilisation au milieu de la barbarie. La BBC, dès hier matin, a même lancé en page d'accueil de son site un appel à tous les internautes : envoyez-nous vos plus belles photos de voyage à Palmyre.

Rappelons qu'avant la guerre, 150 000 touristes, essentiellement occidentaux, se pressaient chaque année sur le site syrien. Ce qui attire l'œil médiatique, dans la prise de Palmyre par le groupe État islamique, c'est donc la menace qui pèse sur un site touristique et un vestige de la civilisation occidentale.

Ce faisant, on oublie plein d'autres choses.

Primo, on oublie que Palmyre, ou Tadmor en arabe, n'est pas qu'un site de colonnes gréco-romaines. Curieusement, on parle beaucoup moins de ses bas-reliefs araméens, de ses sanctuaires arabes ou de sa citadelle des sultans mamelouks. Comme si seule l'histoire gréco-romaine, sous-entendue européenne, comptait pour quelque chose.

Secundo, on oublie que les victimes de la guerre en cours, ce sont les hommes et les femmes qui viennent de passer sous la férule des djihadistes. 50 000 habitants à Tadmor. Ils sont inexistants ou presque dans la presse, moins importants, en tout cas, que les colonnes torsadées.

Tertio, les articles, pour la plupart, passent sous silence que Palmyre, pour les Syriens, ce n'est pas tant une cité antique que le symbole de la répression façon Assad. Le siège de l'une des prisons les plus épouvantables du régime, où depuis des décennies, les prisonniers ont le choix entre mourir de faim ou être sommairement exécutés. La chute de Palmyre, c'est aussi la chute d'une Bastille. Mais ce n'est pas politiquement correct de le dire.

Le dernier piège, c'est le piège tendu par Bachar el-Assad. Le dictateur syrien a adopté une stratégie de communication évidente : aidez-moi car je suis le seul rempart contre les djihadistes et leur barbarie. La chute de Palmyre est donc pour lui une bonne nouvelle, comme l'explique le chercheur Jean-Pierre Filiu. Il y a fort à parier que l'armée régulière syrienne a plus ou moins laissé tomber Palmyre, en prenant le pari que l'Occident allait être ému par le risque de destruction de ce « berceau de la civilisation ».

Et ça marche… Aux oubliettes, dans la plupart des médias, la responsabilité du régime Assad dans le pillage des sites archéologiques. Et surtout dans la destruction de son propre peuple.

Le recours médiatique abondant aux « cartes postales » de Palmyre fait donc objectivement le jeu de Bachar el-Assad. Mieux vaut le savoir.

Cachez ces migrants que je ne saurais voir
12 juin 2015

Début juin 2015, alors que la crise des réfugiés commence à prendre de l'ampleur en Europe, plusieurs camps de migrants sont évacués manu militari à Paris.

La question migratoire est indiscutablement l'un des défis majeurs auxquels nos sociétés sont aujourd'hui confrontées. Les évacuations de migrants effectuées en ce début de juin 2015 à Paris devraient donc logiquement susciter un intérêt médiatique unanime.

Eh bien non. La « couverture » est très hétérogène.

Globalement forte en presse écrite, Une du *Monde* ou du *Parisien*. Et en radio, notamment à France Inter.

Globalement faible dans les grandes chaînes de télévision. En dix jours et trois évacuations, les JT de 20 h de TF1 et de France 2 n'ont respectivement consacré, en tout et pour tout, que deux reportages à ces opérations de police parfois musclées. Le sujet est donc globalement passé inaperçu pour qui s'informe uniquement *via* le 20 heures. Comme si, pour le JT, les migrants étaient… invisibles. Beaucoup moins intéressants en tout cas que le short du tennisman suisse Stan Wawrinka, le congrès du PS ou le vol Poitiers-Berlin de Manuel Valls.

Il y a des différences de traitement dans le volume, et aussi dans la forme. Il suffit pour le comprendre de comparer les choix de photos. Il y a en gros trois options.

Première option : le spectaculaire.

Images des CRS en train d'évacuer les migrants. Par exemple dans *Le Monde*. Le sous-entendu dans l'inconscient collectif renvoie alors aux violentes évacuations policières du passé. On songe à l'église Saint-Bernard en 1996, une comparaison au demeurant excessive, car l'intervention de la police, 1 500 CRS, avait alors été beaucoup plus violente.

Deuxième option : le portrait.

C'est le choix, en gros, de la presse… de gauche. Par exemple *L'Humanité*, qui raconte le parcours d'un jeune Guinéen, Diallo. Objectif : que le lecteur s'identifie au migrant, une personne avec une histoire comme vous et moi.

Troisième option : les tentes.

C'est le choix, en gros, de la presse… de droite. Par exemple, dans *Le Figaro*, édition du 11 juin, on voit uniquement les tentes vertes et bleues des migrants sous le métro aérien. Mais sinon il n'y a personne. Les hommes, les femmes, les migrants ne sont nulle part. Introuvables. Comme s'ils n'étaient qu'un concept.

La presse joue alors le jeu du pouvoir politique. C'est un peu comme les chômeurs. Tout le monde sait qu'ils sont là, très nombreux et que la solution n'est pas pour demain. Mais plus ils relèvent du concept abstrait, plus ils sont « invisibles » en termes humains, plus cela atténue l'impact politique du drame.

Or la question centrale, c'est la capacité des médias à établir des liens de causalité, parce que finalement, la présence de ces migrants dans les rues de Paris, ça n'est rien d'autre qu'une facette supplémentaire des naufrages au large de Lampedusa. Et curieusement, la télévision a fait beaucoup plus sur les drames en Méditerranée que sur les campements des rues Parisiennes. C'est pourtant exactement la même histoire : ceux qui ont survécu au naufrage, finissent par arriver à Paris, Calais ou ailleurs.

Si on va au bout du raisonnement, il faut aller plus loin et relier les camps du métro aérien et de la halle Pajol à la guerre en Syrie ou la dictature en Érythrée.

Les médias ne sont pas là pour résoudre cet énorme défi auquel l'Europe est confrontée. En revanche, ils ont le devoir d'expliquer l'ensemble de la chaîne de causalité. Et ne pas se limiter à une brève carte postale d'une opération policière qui permet de « gommer » du paysage urbain une image qui dérange.

La guerre des taxis
26 juin 2015

Le 25 juin 2015, les chauffeurs de taxi manifestent contre la liberté dont disposent les chauffeurs « sauvages » d'UberPop. De nombreux incidents se produisent, en particulier porte Maillot à Paris, où les journalistes sont vivement pris à partie.

C'est donc la guerre. La guerre. Carrément. De l'avis général des titres de presse. Le mot revient partout, sésame d'un succès médiatique indiscutable.

La bataille entre chauffeurs de taxi et conducteurs sauvages de VTC possède, il est vrai, tous les ingrédients de la bonne mayonnaise qui fait monter les sujets en Une.

D'abord, le spectaculaire.

Un peu de violence, une petite dose d'affrontements urbains et quelques pneus enflammés, *a fortiori* aux portes de Paris, et c'est « l'embrasement » médiatique.

En quelques heures le 25 juin 2015 au matin, le sujet a soudainement saturé l'espace des chaînes d'information continue, pour finir par faire plus de 12 minutes en ouverture du journal de 13 heures sur France 2.

L'engrenage est alors bien connu.

Tout le personnel politique ou presque se sent obligé de réagir ; le ministre de l'Intérieur, puis le président de la République en appellent à la dissolution d'UberPop.

Donc le sujet prend encore plus d'ampleur et de légitimité et le vocabulaire devient encore plus… guerrier.

En arrière-plan, on trouve un référent culturel bien français : la Jacquerie.

Les médias français adorent quand il y a un peu de violence. Pas trop tout de même, mais un peu. Qu'on songe aux manifestations d'agriculteurs ou de marins-pêcheurs. Aux braseros de cheminots. Ou aux barrages de chauffeurs poids lourds avec, là encore, des pneus enflammés.

De bonnes images de flammes… C'est la garantie du succès et des Unes de la presse. Les flammes, comme un indice témoignant de la légitimité de la colère. C'est une vieille histoire française. Pas d'événement sans violence ou à-coup. Comme un brin de romantisme révolutionnaire…

Le tout mis à la sauce « PC circulation », avec usagers « pris en otage » par le blocage des axes routiers ; là encore, un classique médiatique !

Ajoutons à ce paysage un intérêt particulier des journalistes pour le sujet…

D'abord, c'est tout bête mais ça joue : les journalistes sont consommateurs de taxis. Beaucoup plus que la moyenne des Français. Pour des raisons d'urgence et de nécessité de reportage. Il ne doit pas y avoir beaucoup de mes confrères qui n'aient discuté un jour avec un chauffeur de taxi, à propos du bras de fer avec les conducteurs de VTC. Il y a donc une forme de sensibilisation à la cause des premiers.

Mais il y a aussi une sensibilisation à la cause des seconds. Parce que bon nombre de journalistes, de par leur profil socioculturel, ont des penchants pour les sujets relatifs à l'essor de la « nouvelle économie », l'économie collaborative, où le citoyen lambda passe par-dessus les monopoles pour négocier directement avec son voisin.

C'est d'ailleurs sans doute pour cette raison que plusieurs reporters ont été pris à partie sur le terrain par des chauffeurs de taxi, persuadés que les médias sont pour beaucoup dans l'essor de la compagnie Uber.

Au bout du compte, tout cela conduit à un traitement médiatique très fort de cette « guerre des taxis ».

Il ne s'agit pas de nier le sujet. Il est intéressant. Entre les pratiques monopolistiques des uns et les méthodes illégales de cow-boys des autres, c'est une étrange et bien peu satisfaisante alternative économique qui nous est proposée.

Mais, comme souvent, on a le droit de s'interroger sur la proportion accordée au sujet. Après tout, il n'y avait hier que 3 000 taxis à manifester en France. Sur un total de 55 000. Soit 5 % de grévistes.

Les chemises déchirées
9 octobre 2015

Le 5 octobre 2015, deux cadres dirigeants d'Air France sont agressés par des salariés en colère face aux menaces de 2 900 suppressions de postes. Les deux cadres voient leurs chemises arrachées. Les images font le tour du monde.

Pas banal, un vêtement à la Une ! Qui plus est à la Une de quasiment tous les médias, en France comme en Europe. Je veux parler, bien sûr, des chemises en lambeaux de Xavier Broseta et Pierre Plissonnier, les deux dirigeants d'Air France agressés par des salariés de l'entreprise le 5 octobre. Unes accompagnées de titres sans pitié : « Enragés », « Injustifiable », « Lynchage », sans oublier la « chienlit », formule gaullienne employée par Nicolas Sarkozy pour dénoncer les faits.

On ne tranchera pas ici sur le fait de savoir ce qui est le plus grave : la violence physique de ces agressions ou la violence sociale d'une potentielle suppression de près de 3 000 postes. En revanche, une question : pourquoi une diffusion aussi massive de ces images ?

Bien sûr, il y a le « fond de sauce » : elles collent au cliché d'un pays incapable de dialoguer. Air

France, par son seul nom, symbolise la France. Mais il y a surtout quelque chose d'intrinsèque dans ces images qui frappe les esprits. Elles sont spectaculaires. Télégéniques.

Il y a l'agression physique en soi. L'homme seul contre la foule. Et l'épilogue : l'escalade du grillage. On pense aussitôt au migrant qui veut franchir une frontière, ou au supporter de foot qui fuit la vindicte des fans adverses. Sauf que là, c'est un cadre dirigeant de grande entreprise. C'est incongru. Nouveau. Ça fait donc la Une.

L'autre élément clé, c'est la nudité. Si les deux hommes ne s'étaient pas retrouvés torse nu, totalement pour l'un, partiellement pour l'autre, l'image n'aurait pas fait le tour du monde.

Notre société entretient un rapport ambigu à la nudité. D'un côté, surexposée, dans la publicité par exemple. De l'autre, taboue, dans les codes sociaux du monde du travail. D'où le choc de cette scène. Elle brise un tabou. En plus, c'est le roi qui est nu : le dirigeant.

Quand le grillage vient s'ajouter au paysage, deux icônes ressurgissent de l'imaginaire collectif : le Christ crucifié, et le héros de film d'action en pleine course-poursuite, façon Bruce Willis… Nous sommes entre la Bible et Hollywood.

Reste l'ingrédient le plus important, les désormais célèbres chemises. C'est le plus important et aussi le plus troublant.

La chemise blanche, c'est l'incarnation du cadre. Le col blanc. Qu'il se retrouve sans chemise, et le voilà sans son attribut. Ramené au rang de… sans-culottes !

Et là, on est en droit de se demander s'il n'y a pas, chez les hommes politiques comme dans les médias, une réaction de solidarité de classe. Un cadre agressé, et ce sont tous les cadres, dont bon nombre de journalistes, en chemises, qui se sentent inconsciemment menacés et qui font bloc. Cela contribue au déluge médiatique.

L'agression aurait été commise contre un col bleu, un ouvrier en tee-shirt, la couverture n'aurait pas été d'une telle ampleur. La chemise du col blanc décuple l'intérêt médiatique.

D'ailleurs, personne ou presque ne s'est soucié du seul blessé grave de la journée, qui est resté quelques heures dans le coma. Ce n'était qu'un vigile…

Sous l'influence du pouvoir et de la com'

Le rituel élyséen
19 septembre 2014

Le 18 septembre 2014, François Hollande tient la 4e conférence de presse de son quinquennat. Il y est beaucoup question des engagements militaires de la France mais très peu du chômage.

C'était vrai avec ses prédécesseurs. Ça le demeure avec François Hollande. La conférence de presse présidentielle n'a de conférence de presse que le nom. Et la responsabilité en incombe d'abord au régime présidentiel. La Ve République crée toutes les conditions d'un exercice de faible intensité démocratique pour reprendre la formule d'Edwy Plenel.

Sous les ors du Palais de l'Élysée, le chef de l'État trône tel le monarque devant le parterre des ministres et des journalistes et distribue la parole à sa guise. Non sans avoir au préalable « monologué » pendant

43 minutes. Un comble pour une conférence de presse. Et non sans prendre soin de mettre les rieurs de son côté, un classique en termes de communication. Le 18 septembre 2014, c'était en disant : « La presse est indépendante, je le constate tous les jours ». Dans la plus pure tradition des précédents, nés en 1958, avec de Gaulle.

La responsabilité de cette « faible intensité démocratique » incombe aussi à la presse.

D'abord, elle accepte des règles du jeu qui ne sont pas démocratiques. Exemple le plus flagrant, cette fois-ci encore : l'impossibilité pour un journaliste, lors d'une telle conférence de presse, d'effectuer un « droit de suite ». Autrement dit, pouvoir reposer la question, si la réponse a été éludée. Chez le Premier ministre britannique, au 10 Downing Street, le journaliste pourrait relancer et relancer encore. Ici, nul droit de ce genre. Aucun droit de suite exercé. Un droit pourtant déterminant en termes d'information. Du coup, la déférence ou l'indulgence règnent.

Ensuite, les journalistes ont tendance à se passionner pour des questions sans grand rapport avec le quotidien des Français. Fallait-il se protéger sous un parapluie à l'île de Sein ?!? Et surtout, interrogation récurrente et maintes fois posée lors de cette conférence : François Hollande sera-t-il candidat en

2017 ? Incarnation de cette passion médiatique pour la spéculation sondagière sur les scrutins futurs...

Il a donc fallu attendre 1 h 30 de conférence de presse pour voir le « monde réel » entrer dans le palais de l'Élysée avec une question concrète sur les impôts et la TVA. Question pourtant autrement plus cruciale pour le quotidien de chacun de nous.

Tout compte fait, la conférence de presse présidentielle, c'est un résumé d'un certain microcosme médiatico-politique parisien. Tous les journalistes politiques n'en sont pas, mais la majorité s'y complaît.

D'ailleurs, les journalistes étrangers n'ont pas le droit à la parole, peut-être parce que leurs questions seraient plus percutantes : en tout et pour tout, une seule et unique question d'un journaliste étranger a été posée. Une en 2 h 10.

On est donc à l'intérieur d'un aquarium où les poissons se connaissent bien. D'autant que François Hollande, au demeurant à l'aise dans l'exercice, entretient de longue date des contacts personnels avec les journalistes.

Passé ce « temps suspendu », fin de l'indulgence et retour de la presse aux Unes sanglantes sur le « naufrage » de François Hollande. Il faut bien vendre. Et le « retour imminent » de Nicolas Sarkozy est, de ce point de vue, une aubaine pour la presse.

La guerre et l'information
26 septembre 2014

Sous le nom de code « Opération Chammal », les forces françaises engagent à partir du 20 septembre 2014 des frappes contre les positions du groupe État islamique en Irak. Elles seront étendues à la Syrie un an plus tard.

Le 25 septembre, le maire de Nice Christian Estrosi a, le premier, vendu la mèche en parlant de « guerre ». François Hollande ou Barack Obama se refusent encore à prononcer le mot en ce début d'automne 2014. Mais tous les éditorialistes de la presse partagent l'analyse de Christian Estrosi. C'est donc bien effectivement d'une guerre dont il s'agit.

Or l'Histoire nous apprend qu'informer en temps de guerre est chose malaisée.

Dans le cas d'espèce, l'indignation légitime suscitée par l'assassinat barbare d'Hervé Gourdel, qui a déclenché l'apparition du vocable de guerre, rend presque inaudibles les propos nuancés.

La logique d'un conflit est par essence de couper le monde en deux, en désignant un ennemi : il y a trois ans Khadafi, il y a deux ans Assad, il y a un an Aqmi, aujourd'hui l'organisation « État islamique ».

Et qui dit guerre, dit difficulté à informer.

D'abord, il est compliqué pour le journaliste de savoir ce qui se passe exactement sur le terrain.

Ces derniers jours, par exemple, les états-majors nous ont annoncé des frappes en Irak et en Syrie, en particulier sur des terminaux pétroliers censés alimenter les caisses des djihadistes. Le tout est souvent accompagné de vidéos en noir et blanc fournies par les services de communication des armées. Les images, façon jeu vidéo, sont spectaculaires. Mais leur contenu en information est pauvre et difficile à recouper.

Ensuite, qui dit guerre, dit propagande. Ce n'est pas un commentaire, c'est un fait historique. Et qui dit propagande, dit aussi, souvent, « communication mensongère ».

On se souvient de George Bush il y a onze ans, annonçant le début des frappes en Irak et justifiant l'intervention par la nécessité de détruire les armes de destruction massive de Saddam Hussein… On connaît la suite : ces armes n'existaient pas.

Cela ne veut pas dire que cette fois, il y a mensonges. Mais simplement que les journalistes doivent être méfiants, toujours, en temps de guerre.

Le rôle de la presse, en démocratie, c'est aussi de poser les questions qui dérangent. En donnant la parole à des points de vue variés.

C'est s'interroger sur les buts de la guerre, qui ne sont pas clairs. Plusieurs grands journaux étrangers le relèvent : *Le Temps* en Suisse, le *Financial Times* en Grande-Bretagne, *Politiken* au Danemark.

C'est se questionner sur la stratégie adaptée pour réduire le fanatisme de djihadistes qui prennent l'Islam en otage. Après deux décennies de fiascos militaires occidentaux au Moyen-Orient, la pertinence d'une nouvelle intervention armée est une question légitime.

C'est encore soulever des questions sur les conséquences des lois antiterroristes qui peuvent conduire, on l'a vu aux États-Unis, à une surveillance généralisée de la population.

Poser toutes ces questions, ce n'est pas renier l'indignation qui nous étreint tous face à l'assassinat de notre compatriote en Algérie. C'est seulement éviter de céder à la dictature de l'émotion. C'est… informer.

Peut-on critiquer « Big Moustache » ?
24 octobre 2014

Le 20 octobre 2014, le patron de Total Christophe de Margerie meurt dans un accident d'avion aux circonstances troubles sur un aéroport près de Moscou. Les hommages au grand patron français sont unanimes.

Les bacchantes qui lui valaient son surnom se sont affichées partout en Une cette semaine de fin octobre 2014. Et les portraits de Christophe de Margerie brossés par la presse ont été dithyrambiques. Cette unanimité s'explique.

D'abord, le patron de Total était original, chaleureux et sympathique. Sa faconde plaisait aux journalistes. Et ses moustaches très gauloises le rendaient familier, comme s'il était tout droit sorti d'un épisode d'Astérix.

Ensuite, il incarnait le pouvoir. Grand capitaine d'industrie à la compétence indiscutable. Symbole d'une France qui réussit. Incarnation d'un monde où la puissance est désormais économique, où le pouvoir du chef d'entreprise surpasse celui du chef d'État.

Ajoutons à ce paysage les conditions rocambolesques de sa disparition (dignes d'un roman d'espionnage à la John Le Carré), l'accumulation des éloges de la part des élites et le respect évident dû à un homme qui disparaît… Et vous avez réunis tous les éléments d'un discours médiatique laudatif.

Mais cette unanimité, comme toute forme d'unanimité, pose question. Or il y a des interrogations sur l'entreprise Total. Et les soulever, ce n'est pas faire injure à l'homme hors du commun qui vient de mourir. C'est même le respecter, puisque Christophe de Margerie goûtait le franc-parler et n'éludait pas ces controverses.

Des questions, en voici donc.

Que faisait précisément le patron de Total en Russie, à un moment où la tension économique est très forte entre l'Occident et Moscou ?

Comment l'entreprise persiste-t-elle à justifier sa présence dans un certain nombre de pays aux régimes dictatoriaux ? Une question d'ailleurs soulevée lors du dernier passage de Christophe de Margerie sur France Inter.

Pourquoi Total ne paie-t-elle aucun impôt en France, alors que son siège social est ici et que ses bénéfices sont colossaux ?

Et je n'oublie pas les scandales des vingt dernières années : l'Erika, l'explosion de l'usine AZF, l'affaire « pétrole contre nourriture » en Irak.

Autant de dossiers complexes où le rôle de Total est ambigu. Mais la place accordée par la presse à ces interrogations a été minime, voire inexistante.

En revanche, la controverse a fait rage sur les réseaux sociaux, déclenchée par le tweet du socialiste Gérard Filoche (« Les grands féodaux sont touchés, le successeur nous volera-t-il aussi ? »). Un propos formulé en termes déplacés, parce qu'irrespectueux face au deuil. Il lui a valu d'essuyer une avalanche de condamnations.

Mais le caractère inapproprié de la formulation ne doit pas dissimuler la validité de la question soulevée par ce tweet sur les profits de la première entreprise de France. Et il est donc saisissant de constater que cette interrogation, pourtant toute simple et pertinente dans l'esprit de nombreux citoyens, n'a quasiment pas eu droit de cité dans les médias classiques.

Ce faisant la presse contribue à entériner l'idée qu'elle est un relais du discours de l'élite. Et à légitimer, par contraste, une « libre parole » sur Internet, dont on sait qu'elle est propice à tous les populismes. Autrement dit : à taire les controverses, les médias se tirent une balle dans le pied.

Les patrons ont gagné
5 décembre 2014

Toute la semaine du 1er décembre 2014, et alors que se prépare à l'Assemblée l'examen de la loi Macron, les patrons se mobilisent contre le poids de la fiscalité, avec notamment une manifestation qui rassemble 6000 d'entre eux à Paris.

Ils occupent désormais le devant de la scène médiatique. C'était vrai en ce début décembre avec leurs manifestations en série. Ce sera vrai avec la présentation imminente de la loi Macron. Les patrons sont partout. Et ils ont d'ores et déjà remporté la bataille médiatique.

D'abord sous l'aspect du vocabulaire.

Souvenons-nous, dans les années 1970 et même 1980, le mot « patron » était très connoté. Lutte des classes, incarnation du grand méchant capital, le « patron » est alors un mot que la droite elle-même a du mal à revendiquer. À tel point que le sigle CNPF (où le *p* veut dire patronat) finit par se transformer en Medef, où seul survit l'*e* d'entreprise. Entreprise, entrepreneur, voire manager, c'est le nouveau langage à la mode dans les années 1990 et 2000.

2014 : les « patrons » et le « patronat » sont de retour dans le lexique médiatique, mais c'est très différent car cette fois le vocable est assumé par ses dépositaires. On se revendique « patron ». La connotation péjorative a disparu. Y compris dans les médias.

On peut y voir le fait que la presse elle-même, à l'exception de l'audiovisuel public, est détenue par des grands patrons : Dassault, Arnault, Bolloré ou Lagardère.

Mais c'est surtout le reflet de l'évolution d'une société et d'une classe politique majoritairement converties à l'idée que les entreprises et leurs patrons sont les moteurs de l'économie. Les patrons sont donc partout et bénéficient d'un fort « volume médiatique ».

Certes, la presse ne dit pas que du bien. Elle s'est plu dernièrement à raconter les querelles entre les différentes organisations patronales. Et elle ne se prive pas d'enquêter sur l'opacité de certaines grandes entreprises, dans la banque ou la pharmacie par exemple.

Mais tous ces articles, y compris les plus critiques, entérinent aussi, à leur manière, un état des lieux où le chef d'entreprise est désormais au centre du jeu. On peut au choix s'en féliciter ou le déplorer, mais c'est un fait.

Résultat : dans certains reportages télévisés consacrés en ce début décembre à la question du compte pénibilité prévu dans la loi Macron, seuls les patrons étaient invités à s'exprimer, jamais les salariés. Disparus, les employés ! Le sujet, ce n'est plus la pénibilité du travail pour le salarié, c'est la difficulté de gestion du compte pénibilité par le patron.

C'est aussi la conséquence d'une communication omniprésente. Les grands patrons, en particulier, sont désormais ultra-préparés à la scène médiatique, entraînés, « coachés » par des professionnels de la communication, qui investissent aussi massivement les réseaux sociaux. Et le ratio entre le nombre de journalistes économiques et le nombre de communicants d'entreprises penche très nettement en faveur des seconds.

Les syndicats de salariés sont généralement beaucoup plus « amateurs ». Même si de temps à autre, rassurons-nous, il y a quand même aussi de l'amateurisme chez les chefs d'entreprise...

uglement sur Areva
6 mars 2015

5, le leader mondial du nucléaire, le
ımbé notamment par l'interminable
R, présente des résultats financiers

a semblé se réveiller effaré, devant
ıque des pertes : 5 milliards d'euros.
t à l'aune de l'énormité de l'échec
démontre aussi que nous avons tous
remier chef, un peu naïfs sur le sujet.

at : on aurait pu comprendre que
éaire nous cachent des infos. Et ça
ourd'hui.
2007, la direction d'EDF évalue la
de Flamanville à 3 milliards. Un
4 milliards. Deux ans plus tard :

léaire en France, c'est opacité à tous
é classique des grandes entreprises,
té liée à un secteur ultrasensible en
Résultat : un État dans l'État, face
informations fiables relève du défi.

Mobilisation antiterroriste et liberté de la presse 23 janvier 2015

Dans la foulée des attentats terroristes de début 2015, le gouvernement Valls engage le 20 janvier la préparation d'une nouvelle législation antiterroriste favorisant notamment les écoutes téléphoniques.

Manuel Valls, solennel, en conférence de presse, décrétant « la mobilisation générale contre le terrorisme ». C'est l'image de ce 22 janvier 2015. Elle « incarne » une demande générale : renforcer la sécurité, et déjouer plus efficacement les entreprises terroristes.

Mais ce besoin légitime de sécurité comporte un risque majeur : renoncer aux libertés publiques, notamment la liberté de la presse, qui sous-tendent la démocratie. C'est un message compliqué à défendre, quand l'émotion nous envahit et peut, à chaud, nous faire surréagir. Mais c'est un message essentiel.

Les terroristes ne cherchent pas à nous conquérir militairement. Ils cherchent à assassiner la liberté d'expression, à nous faire perdre notre sang-froid, à nous embarquer dans cette spirale exclusivement répressive qui fait leur jeu.

Il faut donc examiner avec circonspection la tentation de multiplier les interceptions téléphoniques. Si elles ne sont pas contrôlées, elles conduisent à l'espionnage généralisé, en particulier l'espionnage… des journalistes.

Une affaire récente, en Grande-Bretagne, le prouve également : il s'agit des révélations du quotidien britannique *The Guardian*, qui sont passées quasi inaperçues il y a peu. Pourtant, elles sont aussi révélatrices qu'inquiétantes. Les services secrets britanniques, grâce aux législations antiterroristes, ont intercepté les courriels de journalistes du monde entier : de la BBC, du *Monde*, du *New York Times*, de Reuters. En estimant que les reporters d'investigation en particulier sont, je cite, « une menace potentielle pour la sécurité » ! Tous les journaux britanniques ont massivement protesté auprès de David Cameron.

L'affaire des « fadettes » des journalistes du *Monde* a également démontré que les écoutes téléphoniques pouvaient être pratiquées, y compris en France, de façon attentatoire aux libertés publiques. Rappelons que nos confrères avaient vu leurs relevés téléphoniques épluchés uniquement parce qu'ils enquêtaient sur l'affaire Bettencourt. La vraie cible des enquêteurs ? Les informateurs des journalistes ! Parce que sans les

La presse face au nucléaire, c'est un match déséquilibré. D'un côté, une poignée de journalistes réellement spécialisés sur les questions énergétiques, c'est-à-dire à même d'appréhender, à la fois, des bilans financiers et des enjeux environnementaux. De l'autre des bataillons de communicants avec des moyens de pression réels.

Exemple : il y a trois ans, *La Tribune* publie un article évoquant l'hypothèse d'un « renoncement » à l'EPR. Quelques jours plus tard, EDF suspend son budget publicitaire dans le journal. Radical.

En dehors de ce cas extrême, il est difficile, voire très difficile dans les cas d'Areva et EDF, de connaître le coût réel de construction des EPR ou les dessous du rachat controversé de l'entreprise canadienne Uramin.

Reste que, face à l'inflation de toutes les factures, du démantèlement de Brennilis à la construction du site de Bure, on aurait pu se douter qu'un drame industriel majeur nous pendait au nez dans le secteur.

On peut aussi se demander s'il n'y a pas là une forme d'aveuglement idéologique et cocardier. Le nucléaire, en France, c'est une forme de religion dans laquelle croient depuis longtemps tous les partis, les écologistes mis à part. Et un fleuron industriel fièrement revendiqué.

Or, on le sait, il existe, sans que ce soit de la connivence délibérée, une forme de porosité entre le discours des élites et celui des médias. Édifiant, dans le cas d'espèce, de relire les articles de la presse de 2003, lorsqu'Areva avait décroché le contrat de l'EPR en Finlande. Ça sentait le cocorico. On connaît la suite : fiasco !!

Aujourd'hui, il est temps pour la presse de se méfier de ce grand « bluff technologique », et de s'interroger.

Le rapprochement Areva/EDF est-il vraiment la bonne solution ? Rien n'est moins sûr. La formule de François Hollande pour défendre cette idée, « créer une équipe de France du nucléaire », cette formule doit être prise pour ce qu'elle est : de la com' !

Deuxième question, qui va payer les 5 milliards d'Areva ? Difficile de penser que ce ne seront pas les salariés, et les contribuables.

Troisième question, cruciale : quelle est la viabilité économique de ce « business model » du nucléaire, qui certes a, jusqu'à présent, garanti l'indépendance énergétique de la France, mais qui aujourd'hui est peut-être… périmé !

FN : les médias sont-ils responsables ? 20 mars 2015

Les 22 et 29 mars 2015, les élections départementales sont marquées par un net succès de la droite parlementaire UMP et UDI. Le FN bénéficie pendant la campagne d'une forte couverture médiatique, s'impose dans plusieurs cantons mais ne remportera finalement aucun département.

Dans les urnes, les médias prédisent une grande marée, ce week-end du 22 mars 2015, à l'image des vraies grandes marées d'équinoxe qui vont toucher les côtes le même jour. Une marée d'extrême droite, avec des 21 avril 2002 démultipliés à l'échelle de centaines de cantons. L'interrogation sur la responsabilité des médias va donc irrémédiablement resurgir. Et elle est légitime.

« Les médias, dit avec raison Franz Olivier Giesbert, n'ont jamais su faire avec le FN ».

Au début, il y a plus de vingt ans, les journalistes ont privilégié l'ostracisme, voire l'agressivité. Aujourd'hui, par certains aspects, c'est l'inverse. Le FN est médiatiquement omniprésent.

En témoigne par exemple l'attention disproportionnée accordée il y a un an au résultat de la cantonale partielle de Brignoles ; on avait eu l'impression que toute la France venait de voter FN. 5 000 électeurs extrapolés en 50 millions !

Les ingrédients de cette mécanique ? La prégnance d'un journalisme de sondage et de pronostics ; le charisme et le professionnalisme de Marine Le Pen (« un bon client » dans le jargon médiatique) et la quête maladive du spectaculaire : un succès FN, c'est vendeur, ça fait causer… Résultat : un discours dominant qui semble accorder au Front national une puissance inarrêtable.

Les médias ont aussi une responsabilité indirecte, par l'adoption du champ lexical et de l'agenda politique du Front national.

Depuis plusieurs années, le traitement, dans bon nombre de médias, des sujets liés à l'Islam, à la sécurité, à l'Europe ou à l'immigration, traduit une forme de suivisme sur les thématiques du FN.

Mais cela va plus loin. À première vue, le FN ne manque jamais une occasion de dénoncer les attaques injustes dont il serait victime de la part de la presse. Mais c'est pour l'essentiel une rhétorique visant à dénoncer les élites en y associant les médias. En réalité, un nombre significatif de journalistes et particulièrement d'éditorialistes est désormais sensible aux idées d'extrême droite. Ajoutons enfin à ce paysage la présence massive et très organisée des militants du FN sur les réseaux sociaux et dans les nombreux forums d'interactivités des médias classiques.

Pour autant, la presse n'est pas responsable de tout.

D'abord la presse n'est que le reflet de la société, et de sa droitisation. Ensuite, les journalistes n'ont pas renoncé à l'enquête sur le FN. Réécoutez par exemple l'enquête de Nasser Madji sur la gestion des villes Front national, diffusé dans le magazine *Interception* sur France Inter en ce début d'année 2015. Et surtout, la presse n'est pas la cause première ; l'échec de la lutte contre le chômage depuis trois décennies ou les affaires de corruption sont autrement plus responsables.

En d'autres termes, la presse n'est que le thermomètre. Et les journalistes se doivent de donner la température. Mais, et c'est la quadrature du cercle, donner la température, c'est contribuer mécaniquement à normaliser le vote FN, à le rendre chaque jour moins tabou.

Il ne faut donc pas se contenter d'un journalisme de sondage, celui de la température, mais persister à enquêter, encore et encore.

La photo Hollande-Castro
15 mai 2015

En voyage à Cuba, François Hollande rencontre Fidel Castro le 11 mai 2015. L'image de la rencontre fait la Une des médias français.

Si le succès d'une opération de communication se mesure au kilo, alors les photos de la rencontre Hollande-Castro sont un triomphe. Elles ont fait la Une de toute la presse française…

Deux images en particulier ont séduit les médias.

Sur la première, en Une du *Figaro*, les deux hommes, se serrant la main, arborent un large sourire, en regardant « hors champ ». Le choix médiatique de cette image est un peu irrationnel : nul ne sait ce qui fait sourire les deux hommes. Irrationnel mais logique, la dimension symbolique du double sourire rafle la mise. Frappant aussi, le côté Abbé Pierre de l'ancien dictateur, avec tout ce que cela comporte de connotation positive dans l'imaginaire collectif français… Même barbe blanche, même vivacité dans le regard, même forme de simplicité dans l'habillement : la soutane pour l'abbé, la chemisette et le survêtement pour Castro.

Sur la deuxième image, en Une du *Monde*, les deux hommes sont assis, face à face, en train de dialoguer. Le visiteur, Hollande, est assis dans un rocking-chair, qui le place un peu plus bas que son interlocuteur (sous-entendu : le patron ici, c'est Fidel). Et au centre de l'image, un peu en retrait, il y a deux femmes, les deux traductrices – identité inconnue. Le pouvoir pour les deux hommes au premier plan, la traduction pour les deux femmes, au second plan. Sans commentaires.

Or ces images ont une histoire : elles ne sont pas le fait d'un journaliste…

À première vue, on pourrait le croire, elles portent en crédit la mention AFP, AP, ou Sipa. En réalité, elles n'ont pas été prises par des reporters de ces agences de presse. Non, elles ont été transmises aux agences internationales *via* l'agence nationale cubaine. Transmises… par le pouvoir cubain. Plus précisément, ces photos, une petite dizaine au total, ont toutes été prises par un certain Alex Castro. C'est l'un des fils de Fidel. On n'est jamais si bien servi que par soi-même !

La mise en scène du « dialogue au rocking-chair » n'est d'ailleurs pas nouvelle. Sur Internet, on trouve facilement la même photo, avec le Chinois Li Xinping, l'Américain Jimmy Carter, ou le patron de l'ONU

Ban Ki Moon. Même cadrage, même endroit. Même « photographe ». Et l'absence d'images vidéos (uniquement des photos) n'a pas empêché les télévisions de les utiliser abondamment.

Last but not least, comme dans toute image, il y a la légende de la photo. Et c'est François Hollande qui s'est chargé lui-même de la fournir à la presse. En parlant d'une rencontre « avec l'Histoire et avec un personnage historique », en prononçant 4 fois le mot « Histoire » en 15 secondes lors du discours qui a suivi ce tête à tête. La méthode Coué façon Hollande. Dans la foulée, l'entourage du chef de l'État ne s'est pas privé d'en rajouter une couche dans le service après-vente. Ségolène Royal a même prononcé le mot « mythique ». Rien de moins !

À la lecture des articles accompagnant ces photos, on se dit que la technique de communication a plutôt bien marché. Le mot « historique » est omniprésent. Peu importe si seuls les historiens seront à même, plus tard, de distinguer ce qui est Historique et ce qui ne l'est pas. Ça marche… Parce que l'homme politique rêve évidemment de voir son nom associé à l'Histoire avec un grand H. Et parce que la presse adore se convaincre qu'elle assiste à un événement « historique » !!

La tentation du Oui
3 juillet 2015

Suite à l'échec des négociations avec l'Union européenne et le FMI sur la dette de son pays, le Premier ministre grec Alexis Tsipras organise un référendum le 5 juillet 2015. Le Non au plan européen l'emportera largement avec plus de 60 % des voix.

En ce 5 juillet 2015, le pays qui a créé la démocratie doit donc voter. Par référendum. Les électeurs grecs doivent dire si oui ou non, ils approuvent le plan des créanciers européens et internationaux. Et face à cette situation, on sent tous les médias français un peu partagés. Comme atteints, pour la plupart, d'un syndrome de schizophrénie.

D'un côté, quand on lit, écoute, regarde les reportages sur place, à Athènes, on perçoit presque toujours d'abord et avant tout la détresse des Grecs. Chômeurs innombrables, retraités sans le sou, fonctionnaires impayés… Tous les reporters, quel que soit le média, relatent cette vérité de terrain. Et là, on se dit : « Je comprends pourquoi ils ont envie de dire Non ; ils n'en peuvent plus ».

Mais, d'un autre côté, dans la plupart des mêmes médias, on lit, on entend et on voit aussi des analyses de Bruxelles ou des éditoriaux signés de Paris qui disent tout autre chose. Avec des mots très forts pour dénoncer l'attitude grecque : folie, peur, zizanie, effondrement, catastrophe. Et la plupart des éditoriaux de prédire le « chaos généralisé » si le Non l'emporte dimanche. Et d'en appeler donc implicitement au vote « Oui », « seule solution de sagesse ».

De toute évidence, la vérité vue d'Athènes et la vérité vue de Bruxelles sont deux choses fort différentes, et les médias eux-mêmes se retrouvent écartelés. Et comme souvent, les médias reflètent l'attitude politique de leur pays d'appartenance. Il suffit de regarder les photos retenues par les médias.

Trois pays, trois exemples.

Dans la presse allemande (le *Frankfürter Allgemeine Zeitung* ou le *Süddeutsche Zeitung*), les images retenues de Tsipras ou de son ministre des Finances Varoufakis les montrent systématiquement sous un mauvais jour, l'air agressif ou égaré.

Dans la presse espagnole à l'inverse, *El País* ou *La Vanguardia*, on va trouver bien davantage des photos de reportage dans les rues d'Athènes, montrant la détresse des Grecs.

Et dans la presse américaine, eh bien… on ne voit pas grand-chose ! Si ce n'est, comme hier dans le *New York Times*, un Grec en train de mendier. Comme si la Grèce était une sorte de tiers-monde affamé.

La presse française n'échappe pas à la règle ; elle est aussi le reflet de la position de ses dirigeants, d'où la forme de schizophrénie évoquée à l'instant.

Paris hésite sur l'attitude à tenir. Et les médias français aussi. Avec tout de même, on l'a vu, une sérieuse « tentation du Oui » dans les éditoriaux, qui engagent les rédactions. Arrêtons-nous là-dessus.

Il faut mesurer combien la presse française reste traumatisée par le Non au référendum sur la constitution européenne il y a dix ans. On se souvient qu'alors bon nombre d'éditorialistes avaient été accusés d'avoir fait campagne pour le Oui. Pour les médias, c'est une cicatrice à peine refermée. La sensation de s'être en partie fourvoyé. D'où la peur, aujourd'hui, de se tromper à nouveau.

Néanmoins, malgré le traumatisme, on sent que la tentation du « Oui » reste la plus forte. Que de nombreux éditorialistes, par proximité avec la classe politique dirigeante, ont tendance à adopter sa position. Donc à qualifier la position de Bruxelles de « raisonnable » et celle d'Athènes de « déraisonnable ».

Le cinéaste franco-grec Costa Gavras l'a pourtant rappelé à quelques jours du scrutin : ce n'est quand même pas à nous de dire aux Grecs comment ils doivent voter.

Le gros livre rouge
11 septembre 2015

Début septembre 2015, le débat fait rage sur la réforme du Code du travail. François Hollande en parle longuement lors de sa conférence de presse du 7 septembre, puis le 9 septembre l'ancien directeur du travail Jean Denis Combrexelle remet un rapport sur le sujet à Manuel Valls.

Le voici, le corps du délit : c'est le Code du travail… ! Vous n'avez pas pu y échapper si vous regardez le journal télévisé. L'un des présentateurs du JT l'a même fait claquer sur la table à 20 h en se demandant avec gourmandise : « Va-t-il mincir ? »

Le rapport de la plupart des médias français aux préconisations, cette semaine, du rapport Combrexelle est saisissant.

D'abord, le sujet s'est donc incarné en images dans ce « gros livre rouge », qui, dans le discours médiatique, semble avoir tous les défauts.

Imaginez. D'abord il est rouge, quelle horreur ; comme le chiffon que l'on agite, et comme le petit livre du président Mao. Mais celui-ci, en plus, est gros. 3 600 pages. Traduction : trop gros. Obèse.

Au régime ! Et puis, il y a une allusion cachée sur le sens du mot : le « code », dans le sens « codé ». Sous-entendu : personne n'y comprend rien. Bref, le Code du travail, c'est mal !

Même tonalité récurrente dans la presse écrite : beaucoup de titres d'articles à connotation positive laissent entendre que la réforme du Code du travail est une bonne idée. « Ambition », « Révolution », « Opportunité historique »... Avec aussi ce dessin révélateur de Plantu en Une du *Monde*, ce 10 septembre : on y voit un ouvrier en salopette, aux formes replètes et au regard vengeur. Il prend par le col un homme qu'on imagine être Jean-Denis Combrexelle, auteur du rapport, qui tient à la main ce Code du travail à réformer. Et pendant ce temps, des migrants souriants et affables se présentent à la frontière en s'exclamant « Nous travailler dimanche, pas de problème ! ». On peut aimer ou pas ce dessin. Mais en tout cas, il traduit la victoire idéologique du Medef. Comprenez : le combat historique des salariés occidentaux pour la défense de leurs droits est devenu anachronique... Moyennant quoi, cela peut conduire la presse à quelques excès ou approximations.

Sur le fond d'abord, le rapport Combrexelle n'est pas tout à fait la révolution décrite par certains. Il n'envisage nullement de réduire la taille du Code. Et à l'exception (importante) de la question des heures supplémentaires et donc du temps de travail, il ne préconise pas d'inversion des normes qui soudain ferait passer les accords d'entreprise avant la loi ou les accords de branche.

Sur la forme ensuite, certaines présentations médiatiques sur l'obésité du Code du travail relèvent de la caricature. Elles oublient que sur ces 3 600 pages, la moitié seulement relève du Code ; le reste, ce sont des annotations jurisprudentielles. Et surtout, en la matière, il y a bien pire que le Code du travail. Par exemple, le Code des sociétés, ou le Code du commerce. Ils sont encore plus gros ! Mais là, bizarrement, personne ne les fait claquer sur la table du JT en criant au surpoids.

Ça se passe aussi comme ça, une victoire idéologique.

Daech gagne du terrain
18 septembre 2015

Mi-septembre, François Hollande annonce que les forces françaises vont frapper le groupe Daech en Syrie. C'est un tournant militaire et diplomatique dans la relation de Paris au pouvoir syrien. Mais c'est aussi l'occasion de s'arrêter sur une évolution sémantique voulue par les dirigeants français, sur la façon de nommer le groupe État islamique.

Daech gagne du terrain. Je ne parle pas du terrain militaire, même si – on l'a bien mesuré cette semaine – la progression de l'organisation djihadiste en Syrie fait enfler les bruits de botte en Occident. Non, je parle du terrain sémantique. Celui du vocabulaire dans les médias. Le sujet fait débat à l'intérieur des rédactions.

Certains continuent de préférer « État islamique », comme l'Agence France Presse ou *Le Monde*. Mais beaucoup, de plus en plus nombreux, utilisent désormais « Daech ». Or cette évolution est une affaire française. Les Espagnols parlent de « *Estado Islamico* », les Italiens de « *Stato Islamico* », les Allemands de « *Islamischer Staat* », et les Anglais de « *IS* » pour « *Islamic State* ». Bref, toute la presse européenne privilégie « État islamique ». Cet été, certains élus britanniques ont essayé d'imposer Daech à la BBC. Elle a refusé.

Le mot « Daech » est en fait un choix politique. C'est un choix délibéré, effectué il y a un an par le pouvoir politique français. Un an plus tard, la stratégie porte ses fruits dans les médias français. Or ce choix pose question.

Premier argument en faveur de Daech : ne pas utiliser la formule « État islamique », au motif que ce ne serait pas un État, et encore moins une incarnation de l'Islam. Seulement voilà : qu'on le veuille ou non, ça ressemble de plus en plus à un État, barbare mais structuré. Avec un territoire. Ensuite, il est vrai que l'emploi de l'adjectif « islamique », peut stigmatiser à tort tous les musulmans. Cependant, là encore, qu'on le veuille ou non, ce groupe se revendique bien de l'Islam, pas d'autre chose, même s'il dévoie le Coran. Et force est de constater aussi que l'Histoire est ponctuée de dérives violentes initiées au nom des religions.

Deuxième argument : Daech serait la vraie formule en arabe, mais là encore, c'est faux. Daech (*Daach* en arabe) est un acronyme pour « *Al Daoula Al Islamiya fi al Erak wal Cham* ». Traduction : État islamique en Irak et au Levant. Mais… il y a plusieurs mais !

- Le groupe a raccourci son nom en « *Al Daoula al Islamiya* » : « État islamique » ;

- dénier à quelqu'un le nom par lequel il veut être appelé, c'est nouveau. Même pour les groupes terroristes ;
- ce groupe refuse l'utilisation de l'acronyme Daech. Parce qu'il est péjoratif en arabe, proche d'un autre mot « *Darrhes* », qui signifie… zizanie ;
- le mot « Daech » renvoie des consonances arabes, donc il véhicule lui aussi une forme de stigmatisation, cette fois de l'ensemble des Arabes.

En plus, son côté incompréhensible nous exonère d'essayer de saisir pourquoi ce groupe exerce un tel pouvoir d'attraction sur de jeunes Occidentaux.

Laissons donc aux hommes politiques le choix de leur vocabulaire. Et conservons le nôtre. La formule « groupe État islamique » reste, à mon sens, plus adaptée.

La mort de la vie privée

La Trierweilermania
12 septembre 2014

Début septembre 2014, l'ancienne compagne de François Hollande, Valérie Trierweiler publie Merci pour ce moment, *où elle règle ses comptes avec le président de la République. L'écho médiatique est énorme, le succès de librairie immédiat.*

170 000 exemplaires vendus en dix jours. *Merci pour ce moment* est donc un succès d'édition. Parti pour atteindre les tirages des meilleurs prix Goncourt. Un grand pas pour Valérie Trierweiler, un petit pas pour la littérature ! Et peu importe si le contenu du livre côtoie le vide, à l'exception de cette anecdote non vérifiable sur le mépris supposé du Président pour les « sans dents », « sans culottes » du XXIe siècle, et on y verrait alors les prémices de la révolte qui gronde…

Peu importe. Le résultat est là. Le locataire de l'Élysée s'enfonce un peu plus dans les sables mouvants. La maison d'édition se frotte les mains. Et Valérie Trierweiler pourrait y gagner près d'un million d'euros.

Et on dit « merci qui ? » « Merci la presse ! » Sans la retentissante chambre d'écho médiatique, les ventes n'en seraient pas là. La passion du public pour les secrets d'alcôve des puissants est certes vieille comme le monde. Mais jamais les médias ne l'ont autant relayée. Ouvertures de journaux, Unes de la presse, analyses à gogo sur les plateaux. Le « moment » de l'ancienne compagne du chef de l'État a été décortiqué par les médias comme s'il s'agissait d'une actualité majeure.

La presse cherche à vendre et à caresser le lecteur dans le sens du poil. À ce titre, elle a donc décidé que désormais la vie privée est une affaire publique. Que c'est le sens de l'Histoire. Que les hommes publics doivent rendre des comptes sur leur sphère intime. Que la transparence doit être sans limite.

Les dirigeants politiques ne sont pas pour rien dans cette évolution, qui, ces dernières années, ont souvent fait de leur vie privée un argument de communication. Mais les journalistes, loin d'observer cette évolution avec circonspection, s'y sont engouffrés sans retenue. L'épisode Trierweiler en est l'illustration parfaite. Cette évolution me semble dangereuse.

D'abord, elle laisse penser que les médias peuvent s'arroger le droit de définir la frontière entre sphère privée et information d'intérêt public. Or c'est aux tribunaux de le faire. Dans le cas d'espèce, si François Hollande avait porté plainte, il aurait très probablement gagné, tant l'atteinte à la vie privée est manifeste.

Ensuite, en se faisant les porte-voix de ce règlement de comptes de chambre à coucher, la presse entérine l'idée moralisatrice et saugrenue qu'une vie privée sans vague est un critère de compétence pour un dirigeant politique. À ce compte-là, il faudrait rayer des livres d'Histoire Louis XI et Richelieu, Napoléon et Gambetta, Mitterrand et Clémenceau. Entre autres…

Enfin, les médias accréditent l'idée que la transparence sans limite, cet enfant des réseaux sociaux, est une évolution non seulement inévitable mais souhaitable. Posture médiatique inconséquente : l'anéantissement de la vie privée, c'est la dictature. Et nous en paierons tous le prix.

On a donc aussi le droit d'espérer que cette évolution n'est pas irréversible. Mais pour l'instant, c'est le sens du vent. Et comme les médias vont dans le sens du vent, Valérie Trierweiler sera sans doute millionnaire…

La vie privée n'est plus
2 janvier 2015

L'année politique 2014 s'achève sur un énième épisode de la pipolisation de la vie politique avec la mise au jour de la vie privée d'un dirigeant de parti, en l'occurrence Florian Philippot du Front national.

L'année 2014 avait commencé avec la photo d'un président de la République sur un scooter, pour rendre visite à sa Belle. Elle s'est achevée avec la photo d'un dirigeant du Front national en week-end avec son compagnon à Vienne… Ce dont s'est vivement ému le dirigeant en question, Florian Philippot, se disant victime d'une atteinte à la vie privée.

La question est essentielle. Elle a d'ailleurs régulièrement agité, tout au long de l'année écoulée, la conférence de rédaction de France Inter…

Quand la presse possède des informations sur la vie sentimentale ou sexuelle d'une personne publique, doit-elle se taire en privilégiant le respect de la vie privée ? Ou publier en privilégiant le droit à l'information du public ?

Ces deux notions souvent contradictoires sont également défendues par la loi. Mais au fil des ans, l'évolution semble irréversible... En d'autres termes, plus ça va, moins la vie privée est respectée.

La responsabilité en incombe en partie aux dirigeants politiques, certains n'hésitant pas à instrumentaliser leur vie privée à des fins publiques.

Elle en incombe aussi aux hésitations des tribunaux : ils ont rendu ces derniers temps des décisions contradictoires sur le sujet. Fin décembre, la justice a condamné le magazine *Closer* pour ses photos de Florian Philippot, mais quelques mois plus tôt la Cour d'appel de Paris avait légitimé la publication d'informations sur la vie privée d'un autre dirigeant du Front national, Steeve Briois.

La responsabilité en incombe enfin et surtout à la presse. Pas à la presse « people » qui, après tout, fait son métier en traquant les personnalités : elle répond à une demande vieille comme le monde, la soif de commérages. Non, le fait nouveau, c'est l'évolution de la presse généraliste qui désormais emboîte le pas à la presse « people ». Les grands médias, aiguillonnés par des réseaux sociaux qui instituent une forme d'espionnage généralisé, semblent, pour la plupart, avoir pris leur partie de cette tendance à tout dévoiler des secrets de chambre à coucher. Comme si la compétence d'un dirigeant politique avait quelque lien que ce soit avec sa fidélité ou ses orientations sexuelles.

On peut toujours rêver et espérer un renversement de tendance.

Souhaiter d'abord que la justice se prononce : une position claire de la Cour de Cassation sur la frontière entre protection de la vie privée et droit à l'information, serait bienvenue. Et des condamnations à des sanctions financières dissuasives pourraient avoir quelque efficacité. Ça, c'est possible.

Souhaiter ensuite que les dirigeants politiques réalisent les risques de l'instrumentalisation de la vie privée et qu'en conséquence, ils y renoncent. Là, ça devient déjà... plus illusoire !

Souhaiter enfin que la presse cesse de se complaire à relayer des ragots d'alcôve, sous couvert d'un prétendu intérêt général. Qu'elle s'interroge sur les non-dits homophobes ou puritains de bon nombre de ces révélations, et sur la tyrannie de la transparence. Et qu'elle consacre moins d'énergie à planquer devant les garçonnières, et plus à enquêter sur les financements opaques de la vie publique.

Ça s'appelle une bonne résolution du début de l'année ! On peut toujours rêver !

Les leçons des procès Carlton et Bettencourt 27 février 2015

En janvier et février 2015, deux procès très médiatisés et à la frontière du politique font simultanément la Une. D'une part l'affaire du Carlton de Lille, d'autre part l'affaire Liliane Bettencourt.

Les décisions de justice ne tomberont que fin mai 2015 pour l'un, début juin 2015 pour l'autre. Il faut donc éviter de spéculer sur les verdicts[1]. Néanmoins, le déroulement de ces deux procès très médiatisés, qui se sont achevés en l'espace de quelques jours, interpelle nos pratiques journalistiques. Comme le relève fort bien le dessin de Plantu dans *L'Express* du 25 février 2015. Les audiences se sont soldées par le fait que le parquet a demandé la relaxe pour les deux personnalités politiques concernées, Dominique Strauss-Kahn et Éric Woerth. Ces deux mêmes que la presse semblait avoir condamnés par avance.

On a certes le droit d'y voir une indulgence de la justice pour les hommes de pouvoir, et un avatar de la

---

1 Au bout du compte, les hommes politiques seront blanchis, DSK d'un côté, Éric Woerth et Nicolas Sarkozy de l'autre

célèbre morale de La Fontaine, « selon que vous serez puissants ou misérables, les jugements de Cour vous rendront blanc ou noir ». Mais ce soupçon récurrent sur la justice n'exonère nullement la presse d'un nécessaire exercice d'autocritique.

Or, ce sont deux affaires où une partie de la presse a versé dans l'excès. Les avocats des prévenus l'ont souligné, non sans raison, lors des audiences. Dans les deux affaires, la presse a multiplié les « révélations » sur les politiques : soupçon de financement occulte d'un côté, soupçon de proxénétisme de l'autre.

Dans le cas de DSK, des procès-verbaux se sont retrouvés à la Une, déballant publiquement les pratiques sexuelles d'un homme, pratiques qui à bien des égards ne nous regardent pas. Il y avait là une forme de dérive people, de voyeurisme salace, à des fins en partie commerciales. Et au bout du compte, à l'audience, ces dizaines de pages de PV ont été évacuées en quelques minutes.

Dans le cas de Bettencourt, le fantasme de l'affaire d'État, toujours séduisant pour les journalistes, a conduit à des spéculations en série, sans preuves tangibles, sur un supposé financement illicite de la campagne de Nicolas Sarkozy par Liliane Bettencourt. Et au bout du compte, non-lieu pour l'ancien chef de l'État, et probable relaxe pour l'ancien trésorier de campagne.

Dans les deux cas, plusieurs atteintes à la vie privée et des violations répétées du secret de l'instruction. Bref, des procès médiatiques façon jeu du cirque, déconstruits par la rigueur des procès judiciaires.

Il ne s'agit pas de nier le fait que le journalisme se doit d'enquêter sur ces affaires sensibles. Il ne s'agit nullement de renoncer à l'investigation sur les sujets sensibles.

Mais il s'agit d'enquêter avec discernement, sans basculer dans le lynchage. Il s'agit aussi d'éviter de se poser en détenteur de la morale. Quelle légitimité avons-nous pour nous faire l'arbitre du degré de déviance des pratiques sexuelles ? Il s'agit surtout de ne pas faire des « fixettes » qui nous font perdre de vue l'essentiel.

Dans le procès du Carlton, l'essentiel ce n'est pas DSK. C'est bien davantage la mise en lumière de l'ignominie de la prostitution, et des curieuses pratiques en la matière dans l'univers du BTP.

Dans le procès Bettencourt, ce n'est pas Woerth ou Sarkozy, c'est la mise en évidence d'une pratique répandue, l'abus de faiblesse auprès des personnes âgées et... les choix financiers de la femme la plus riche du monde. Rappelons que sa fortune, 26 milliards, lui permettrait, par exemple, de combler l'intégralité du trou de la Sécurité sociale, tout en finançant la totalité du budget annuel de la Justice !!

Les enregistrements Bettencourt
30 octobre 2015

Début novembre 2015, plusieurs journalistes, dont Edwy Plenel et Franz-Olivier Giesbert, sont poursuivis pour avoir publié des extraits des enregistrements de Liliane Bettencourt effectués à son insu par son majordome.

Cinq journalistes à la barre. Ce n'est pas courant. En ce début novembre 2015, le tribunal de Bordeaux va juger cinq des meilleures plumes de la presse française : Franz-Olivier Giesbert, Edwy Plenel, Hervé Gattegno, Fabrice Arfi et Fabrice Lhomme. Tous sont poursuivis pour avoir publié des extraits des enregistrements effectués par le majordome de Liliane Bettencourt, Pascal Bonnefoy, lui aussi poursuivi.

Ce procès pose de multiples questions. Retenons en deux.

La première, c'est celle de la frontière entre l'intérêt public et l'atteinte à la vie privée.

La question est cruciale tant l'exposition de la vie privée, réseaux sociaux aidant, est devenue monnaie courante. C'est le « test de la balance » : d'un côté la nécessité d'informer au nom de l'intérêt de la société, de l'autre la nécessaire protection de la vie personnelle des individus.

Or la presse ne peut pas, seule, s'arroger le droit moral de définir cette frontière. D'autant moins qu'Internet crée un écueil supplémentaire : c'est la quasi-impossibilité d'effacer une éventuelle erreur.

Dans le cas des enregistrements Bettencourt, la justice a déjà condamné *Mediapart* à retirer toute trace ou toute reproduction de ces documents. Le site d'information a obtempéré. Mais pour qui sait chercher sur la Toile, il est tout à fait possible de les retrouver.

La justice a donc vocation à nous dire où commence l'atteinte à la vie privée, et la presse doit l'entendre.

La deuxième question concerne la nature des poursuites contre nos confrères ; elle est préoccupante et même dangereuse pour la pratique du journalisme.

D'abord nos confrères ne sont pas poursuivis dans le cadre du droit de la presse. Mais dans le cadre du droit commun, pour « recel d'atteinte à l'intimité de la vie privée ». Et ces poursuites pour recel comportent de sérieux risques pour la démocratie. Pourquoi ? Parce qu'elles permettent à l'autorité publique de faire pression sur les journalistes pour divulguer leurs sources. En ligne de mire : les sources elles-mêmes. Or ce sont elles, plus encore que les journalistes, qui permettent la mise au jour des affaires et des scandales. Si les sources se tarissent, l'information s'assèche.

Dans le cas des enregistrements Bettencourt, la situation est encore plus paradoxale. Car sur le fond du dossier, dans le procès pour abus de faiblesse contre la milliardaire qui s'est tenu au printemps dernier, les enregistrements en question ont été considérés par la justice comme des preuves recevables dans le dossier d'accusation.

On se résume. D'un côté, la justice utilise ses enregistrements dans un procès. Mais de l'autre, elle reproche à la presse de les avoir diffusés.

À l'heure où se profile de surcroît une directive européenne sur le secret des affaires qui pourrait empêcher toute investigation sur le monde de l'entreprise, ce procès de novembre 2015 a donc valeur de symbole. Il s'y joue beaucoup en termes de liberté de la presse.

La vérité du terrain

Le drapeau noir flotte sur Kobané
10 octobre 2014

Le 7 octobre 2014, l'AFP publie une photo de la prise de contrôle par le groupe État islamique de la ville clé de Kobané près de la frontière turque. La controverse suscitée par la photo fait débat au prix Bayeux-Calvados des correspondants de guerre.

Vous avez sans doute vu cette image emblématique : au loin, en haut d'une colline aride, cinq silhouettes plantent un drapeau noir. Symbole de la prise de contrôle partielle par l'organisation État islamique de la ville de Kobané, théâtre d'affrontements incessants depuis trois semaines.

Cette photographie de l'Agence France Presse a fait le tour du monde. Et, fait étrange, l'AFP a dû se justifier sur les conditions de la prise de vues de ce cliché, pourtant réalisé par l'un des grands noms du photojournalisme, Aris Messinis. Certains journaux prestigieux, clients de l'AFP, s'interrogeaient sur la véracité de l'image. L'agence a dû s'expliquer en leur donnant des détails techniques sur cette prise de vues.

L'anecdote est révélatrice. Elle traduit l'une des difficultés croissantes du travail des photoreporters. La multiplication des images prises par des amateurs et les manipulations rendues faciles par les techniques du numérique poussent à la méfiance. À tel point que parfois l'on interroge donc même le travail des professionnels qui risquent leur vie, comme à Kobané. Ce n'est pas le seul défi pour les photoreporters, loin s'en faut.

D'abord, il y a le danger. Les prises d'otages de journalistes ne sont pas un fait nouveau, on se souvient du Liban. Mais le risque est aujourd'hui accru.

Le chef du bureau Moyen-Orient de l'AFP, Patrick Baz résume la situation : « Sur le terrain, les Occidentaux n'envoient plus de soldats, ils préfèrent des drones. Les ONG hésitent également à se déplacer. Il ne reste plus que les journalistes, en particulier nous les photographes, pour aller au plus près. [...] Du coup, quand les extrémistes nous voient sur le terrain, c'est comme s'ils voyaient marqué sur notre front "Dollar, monnaie d'échange" ».

Pour ne rien arranger, les exigences médiatiques de rapidité décuplent le danger. Déployer une antenne satellite pour transmettre des images, c'est le meilleur moyen de se faire repérer. Mais rares désormais sont les médias à accepter que le photoreporter prenne son temps, s'immerge dans un terrain hostile, puis revienne pour, seulement ensuite, une fois rentré, trier ses images. *Le Monde* l'a fait, avec Laurent Van der Stockt en Syrie. Mais les exemples se comptent sur les doigts de la main.

Il y a aussi le paramètre économique. Les photos de guerre ne se vendent pas. Ou mal. On est loin des années 70, l'âge d'or du photoreportage.

Un sujet d'un jeune journaliste en zone de guerre peut ne pas se vendre du tout. Ou bien seulement quelques centaines d'euros. Cette précarisation est au cœur d'un cercle vicieux :

- disparition des grandes agences photo, comme Gamma ou Sigma ;
- multiplication des journalistes free-lance qui doivent rentabiliser leurs déplacements au plus vite ;
- en bout de chaîne, prise de risques inconsidérés.

C'est la logique du *low cost* appliquée au photoreportage.

À l'inverse, le même journaliste qui planque devant un grand hôtel parisien, peut espérer, en un seul cliché d'une star éméchée ou d'un président sur un scooter, gagner des milliers voire des dizaines de milliers d'euros.

Je vous livre la conclusion du photographe franco-syrien Ammar Abd Rabbo : « À quoi bon aller risquer sa vie en Syrie, tant que notre société et nos médias préféreront des photos de Lady Gaga… à des images de guerre à Kobané ».

Ils sont aussi Charlie
9 janvier 2015

Après les attentats du 7 janvier 2015 contre Charlie Hebdo, *hommage à d'autres journalistes et dessinateurs de presse, syriens, libyens, irakiens, saoudiens.*

Aujourd'hui, je vais vous raconter quatre histoires, dans quatre pays différents.

Kais al-Hilali d'abord.

Libyen. Dessinateur de presse. Mais dans un pays… sans presse ! Alors ses caricatures, il les brosse sur les murs de Benghazi. Il en fait tellement que tous les habitants de la ville le connaissent.

Un jour de mars 2011, il se paie le luxe de dessiner Mouammar Kadhafi sur les murs, en l'affublant du patronyme de « singe des singes ». Le lendemain, Kaïs al-Hilali est abattu par un sniper. Il avait 34 ans.

Raad Azawi, ensuite.

Irakien. Cameraman pour la chaîne Samah Saleh Addeen.

Le 10 octobre 2014, dans sa ville de Samarra, assiégée par l'organisation État islamique, il refuse de collaborer avec les djihadistes. Il est aussitôt froidement assassiné. Il avait 36 ans.

La troisième histoire est un peu différente.

Raef Badawi, c'est son nom, est toujours vivant.

Mais il est en prison depuis deux ans en Arabie saoudite, condamné à dix ans de réclusion et 600 coups de fouet.

Le crime de ce journaliste de 30 ans, père de trois enfants ? Avoir « critiqué l'Islam et la police religieuse » sur son site d'information *Liberal Saudi Network*. Le régime de Ryad l'a immédiatement arrêté. Et condamné.

Enfin, voici trois hommes, tous… syriens.

Youssef Mahmoud El Dous.

Rami Abdel al-Asmi.

Et Salem Abdul Rahmal Khalil.

Tous jeunes journalistes pour Orient TV, une chaîne syrienne basée à Dubaï.

En décembre 2014, ils sont en reportage à Deraa. Leur voiture, qui arbore une antenne satellite, signe ostensible de leur métier, est visée par un missile. Ils meurent tous les trois sur le coup. Le missile a été tiré depuis les lignes tenues par l'armée régulière syrienne de Bachar el-Assad.

Tous ces hommes sont, eux aussi, *Charlie Hebdo*.

D'abord, les populations arabes et musulmanes sont les premières victimes de la barbarie. Et parmi les 66 journalistes tués l'an dernier dans le monde, la plupart étaient des confrères arabes.

Ensuite, la liberté d'expression ne déplaît pas uniquement aux organisations djihadistes. Elle déplaît aussi, souvent, aux pouvoirs en place, en Syrie, en Libye ou en Arabie Saoudite, qui emprisonnent voire assassinent les caricaturistes ou les journalistes.

Enfin la liberté de critique des religions est un bon indicateur de la liberté tout court.

Sur la planète, près de 30 pays répriment effectivement le blasphème ou l'apostasie. Et cette carte recoupe à peu près la carte des régimes autoritaires musulmans.

Aujourd'hui, « nous sommes tous *Charlie Hebdo* ». Nous sommes tous étreints pas l'émotion après la mort de nos confrères et amis. Et atteints de sidération : nos démocraties ne sont plus confortablement immunisées contre la violence barbare.

Mais cette immunité, les populations arabes et musulmanes ne la connaissent plus depuis bien longtemps. Victimes des violences terroristes ou des violences d'État.

Alors pensons aussi à Kais al-Hilali, Raad Azawi, Youssef Mahmoud el-Dous, Rami Adel al-Asmi, Salem Abdul Rahmal Khalil, Raef Badawi. Et à tous les autres. Ils sont, eux aussi… *Charlie Hebdo.*

Montrer Kobané
30 janvier 2015

Fin janvier 2015, deux grands reporters de Radio France parviennent à entrer dans Kobané libérée du joug du groupe État islamique par les forces kurdes. Ils envoient aussi des photos très crues qui font débat.

Vous avez entendu leurs témoignages à la radio en cette fin janvier 2015. Omar Ouahmane et Étienne Monin, tous deux grands reporters à Radio France, ont été parmi les tout premiers journalistes, avec Bülent Kilic de l'AFP, à entrer dans les ruines de Kobané. Kobané libérée par les combattants kurdes syriens. Après des mois de siège de l'organisation État islamique.

Ils viennent de nous livrer des reportages qui font honneur au journalisme : sur la destruction quasi totale de cette ville, sur les ravages causés par les tirs de mortiers et les voitures piégées des djihadistes, et aussi sur les dégâts provoqués par les bombardements de l'aviation américaine. L'enfer de la guerre.

Ils nous ont aussi envoyé des images, dont certaines sont d'une violence explicite, qui peut choquer… Nous avons, malgré tout, choisi de les publier sur le site de France Inter. Parce qu'elles traduisent la réalité de l'enfer vécu par les habitants de cette ville.

Jusqu'à présent, on pouvait seulement imaginer cet enfer. Avec des clichés pris de loin de l'autre côté de la frontière turque. Ou avec d'étranges images satellite, quasi abstraites, montrant l'exode des populations civiles.

Cette fois, ce n'est plus abstrait du tout. C'est violent. C'est la guerre. Il faut donc montrer, parce que « voir change tout ».

C'est ce que nous rappelait l'historienne Annette Wiewiorka au sujet de la Shoah, à l'occasion des 70 ans de la libération des camps d'extermination. Montrer la barbarie humaine. Montrer les corps de Treblinka, Sobibor, Auschwitz, Chelmno. Parce que voir… change tout. Voir nous contraint à regarder en face l'innommable, la banalité du mal, l'inhumanité de l'homme. Mais la regarder, c'est aussi, précisément, se donner la chance de rester humain. Surtout ne pas détourner le regard. Même si c'est insoutenable. Et savoir que ce n'est pas un film de fiction.

Alors bien entendu, Kobané n'est pas Auschwitz, il n'y est pas question d'une logique d'extermination planifiée. Mais l'enjeu du témoignage est identique.

Il faut témoigner sur les horreurs des guerres. Continuer d'y envoyer des reporters. Inlassablement. En prenant le risque d'une forme de voyeurisme, peut-être. Mais parce que la priorité est de ne laisser aucun doute subsister sur la réalité du mal. Combattre ces doutes, sources de tous les négationnismes.

Il y a tout de même des limites au fait de tout montrer.

La première, c'est de s'interroger avant de montrer la mort en direct. On en a eu l'illustration, avec cette vidéo début janvier, lors les attentats, montrant les frères Kouachi achevant un policier dans la rue avec un sang-froid absolu. Certes, elle nous apportait des éléments d'information sur la détermination des assassins. Mais elle était indécente, comme un viol de la victime. Ce n'est plus seulement le geste de l'assassin qui était barbare, c'était le fait de le montrer qui participait de la barbarie. Et pour le coup du voyeurisme.

La seconde limite, c'est quand l'image relève d'une stratégie de communication des terroristes. On songe en particulier aux vidéos de décapitation qui sont autant d'instruments de propagande des assassins. Les diffuser, ce n'est plus dénoncer la barbarie, c'est en être l'instrument.

Témoigner et montrer. Toujours. Sans se faire manipuler.

L'ennemi russe
20 février 2015

Le 12 février 2015, un accord de paix sur l'Ukraine est signé à Minsk, y compris par Vladimir Poutine, mettant théoriquement à plus d'un an de conflit entre forces pro-russes et pro-occidentales.

C'est l'un des sujets qui suscite parmi les auditeurs un grand nombre de courriels et de réactions. Observation récurrente de votre part : depuis le début de la crise en Ukraine, les médias français sont orientés. Comprenez : anti-Russes. L'argument est recevable…

Oui, les médias occidentaux, au début du mouvement de Maïdan, ont sans doute globalement survalorisé la représentativité des manifestants pro-Européens… La place Maïdan n'était pas l'Ukraine, pas plus que trois ans plus tôt la place Tahrir n'était l'Égypte.

Oui, ces mêmes médias occidentaux ont sans doute, pour la plupart, sous-estimé la prégnance des mouvements néonazis dans une partie du gouvernement ukrainien, sous-estimé aussi les exactions commises par l'armée ukrainienne dans la région séparatiste du Donbass.

Et surtout, la presse occidentale dans son ensemble ne cherche que rarement à comprendre le logiciel géopolitique russe.

Il faut pourtant mesurer combien pour Moscou, l'Ukraine est une sorte de zone tampon avec l'Occident. Et combien la peur de l'OTAN est réelle et sincère en Russie.

Le résultat, c'est donc souvent un bruit médiatique dominant qui, par porosité avec le discours des gouvernants, simplifie à outrance, selon le bon vieux cliché : les Bons contre les Méchants. Les Occidentaux contre les Russes.

Cela dit, au jeu du simplisme, les médias russes l'emportent haut la main.

À la télévision russe, ce n'est pas de clichés dont il s'agit, mais de propagande à marche forcée. Sur le grand journal télévisé de la principale télévision russe, le gouvernement ukrainien est systématiquement qualifié de fasciste, l'armée ukrainienne de génocidaire et l'Occident de terre décadente et homosexuelle. Quant aux reporters de la chaîne, ils posent régulièrement en treillis aux côtés des séparatistes russes.

Tous les grands médias sont contrôlés par une holding étatique. Sur Internet, le Kremlin paye des étudiants pour saturer la toile de messages pro-Poutine.

Et plus récemment, Moscou a lancé une nouvelle agence de presse, Sputnik, dont les moyens sont considérables, y compris à l'international. En Occident, plusieurs blogs font également partie du dispositif, dont une bonne demi-douzaine en France. Bref, en matière de propagande, la Russie, c'est plus fort que toi !

Pour éviter le piège du manichéisme, il n'y a qu'une solution véritablement efficace : aller sur le terrain. Mais en allant… des deux côtés.

C'est notre choix à Radio France depuis plus d'un an, avec près d'une trentaine de missions de reporters en douze mois, à Kiev, à Donetsk, mais aussi à Marioupol ou à Sébastopol en Crimée.

Le terrain, c'est le seul moyen d'éviter la propagande. Pour constater par exemple, comme l'ont fait nos reporters, qu'il y a effectivement des soldats russes à combattre aux côtés des séparatistes. Pour constater aussi que la population ukrainienne, en grande partie, est prise entre deux feux et n'a pas envie de choisir.

Aller sur le terrain, c'est simple… Et compliqué à la fois. Parce que les belligérants n'accueillent pas les journalistes à bras ouverts.

Mais c'est la seule solution. Pour éviter le piège d'une vision occidentale ethnocentrée. Pour ne pas basculer soi-même dans la propagande que l'on dénonce dans les médias russes.

L'interview du dictateur
24 avril 2015

Le 20 avril 2015, France 2 diffuse une interview de Bachar el-Assad réalisée la veille à Damas par David Pujadas. Le principe même de cet entretien avec le dictateur syrien est vivement critiqué par une partie de la classe politique française.

David Pujadas sur France 2 interrogeant Bachar el-Assad... Cet entretien a suscité d'abondantes critiques dans les rangs de la majorité, certains élus socialistes n'hésitant pas à utiliser les adjectifs « honteux et déshonorant ».

Faut-il interviewer les tyrans et les dictateurs ? En l'occurrence un homme dont on sait l'immense part de responsabilité dans une guerre civile qui a déjà fait plus de 200 000 morts.

Si vous êtes familier de ce billet du vendredi matin, vous savez qu'il n'est pas toujours très indulgent avec le journal télévisé. Mais dans le cas d'espèce, nous allons prendre sa défense.

D'abord, pour l'essentiel, les questions ont été posées. Certes, David Pujadas aurait pu être un peu plus pugnace, sur l'utilisation des armes chimiques,...

ou sur la responsabilité du régime syrien dans la résurgence du terrorisme : au début du conflit, Assad a lui-même libéré de ses propres geôles des Islamistes notoires, pour créer un ennemi qui allait détourner notre regard de l'opposition démocratique.

Mais, pour en revenir à notre sujet, convenons que, globalement, le présentateur de France 2 a, comme on dit dans le jargon journalistique, « fait le job ». Objecté, rétorqué, tenté de mettre Assad en contradiction. Images et reportages à l'appui.

Soit dit en passant, on aimerait que la même pugnacité soit appliquée dans les interviews télévisées avec les hommes politiques français, *a fortiori* quand ils sont soupçonnés dans des affaires douteuses.

Le problème ne réside donc pas dans la façon dont l'entretien a été mené.

Reste le point central : le principe même de l'interview. Et à mon avis, même sur le plan du principe, oui, il fallait interviewer Assad.

Assad ment, sans doute. C'est un dictateur, sans doute. Son discours n'est pas celui des chancelleries occidentales, sans aucun doute.

Mais doit-on renoncer à écouter la parole qui nous dérange ? Et considérer donc, *de facto*, que l'Occident a raison, que tout autre discours ou vision du monde n'a pas droit de cité ?

De plus, n'ayons pas la mémoire courte : lors de la guerre du Kosovo, dans les années 1990, l'OTAN ne s'était pas privée de mentir, non plus. La guerre, c'est le mensonge. Par définition. Et pas seulement du côté de l'adversaire présumé.

Reste une objection majeure : avec ce genre d'interviews, les médias font la com' de Bachar el-Assad. Une communication dont le plan est simple : à tout prendre, je suis moins pire que les Islamistes, donc dialoguez avec moi. L'objection est recevable, d'autant que le dictateur syrien est aussi professionnel dans son élocution que péremptoire dans ses affirmations.

Mais là encore, étrangement, cette objection n'est pas soulevée lorsqu'on interroge des hommes politiques occidentaux. En réalité, si l'on peut poser des questions et contredire, alors le journalisme est sauf. Libre ensuite à chacun de se faire son opinion, au vu des réponses.

Critiquer le média, c'est « vouloir tuer le messager » au motif qu'il apporte de mauvaises nouvelles, comme l'écrivait Shakespeare dans Henri IV. Plutôt que le messager, il vaudrait donc mieux regarder l'expéditeur et le destinataire du courrier. En l'occurrence : Assad d'un côté, les capitales occidentales de l'autre. Et le jeu ambigu qui, désormais, les relie.

Le corps d'Aylan
4 septembre 2015

C'est l'une de ces photos qui peuvent changer le cours de l'Histoire. L'image du corps du petit syrien Aylan, publiée le 2 septembre, fait le tour du monde. Elle symbolise la crise des réfugiés, syriens en particulier, qui fuient en masse vers l'Europe.

La mort d'un enfant, c'est l'échec de l'Humanité tout entière. C'est la douleur universelle. Mais des photos d'enfants morts, c'est malheureusement banal dans les guerres ou les naufrages de réfugiés. Si cette image fait la Une (comme c'était le cas avec les images de Kim Phuc au Viêt Nam en 1972, et Mohammed al Durah lors de la seconde Intifada en septembre 2000), c'est parce qu'il y a quelque chose de plus dans le « corps d'Aylan ».

En premier lieu, l'image est d'une simplicité saisissante. Le cadavre du petit bonhomme en tee-shirt rouge rejeté par les flots. Immobile. Un dormeur du val, sur une plage turque.

Et puis cette photo frappe parce qu'elle nous parvient à un instant politique précis. L'instant où, face à cette crise, l'Europe se fissure sur la question des valeurs qui l'ont fondée.

Enfin, il y a le rôle des réseaux sociaux. C'est Twitter, en Turquie, qui a servi de déclencheur et de chambre d'écho. Avec le hashtag #Kiyiva Vuran Insanlik. En français, « L'humanité échouée ». 200 000 occurrences sur Twitter en quelques heures.

En Europe, seuls les médias français ont réagi avec retard. Dans un premier temps, seule *La Montagne*, le journal de Clermont-Ferrand a retenu la photo. Puis *Le Monde* s'est décidé : pleine Une, avec un excellent éditorial de Jérôme Fenoglio. Mais sinon, rien. Même les JT de 13 heures ont fait le service minimum : une brève sur TF1, et un sujet au bout de seulement 13 minutes sur France 2, avec des images floutées. Sur les grandes chaînes de télé, il a fallu attendre les 20 h pour que s'opère la prise de conscience.

Comment expliquer ce « retard à l'allumage » ?

Il y a certes les délais de bouclage de la presse écrite française : elle réagit lentement sur tout ce qui émerge après 19 heures.

Plus évidente, la « concurrence » des agriculteurs qui manifestaient au même moment. Vieille fascination française quasi mythologique pour toute forme de Jacquerie…

Enfin, troisième hypothèse, c'est la plus inquiétante : une hésitation plus ou moins consciente à s'engager sur le sujet, face à la prégnance croissante de la xénophobie dans notre pays.

Il y a un autre débat, c'est celui de la décence : faut-il montrer le cadavre d'un enfant mort ?

Le plus souvent, la presse répond « Non » à cette question. Et c'est tout à son honneur.

Mais il y a des exceptions où il faut montrer. C'en est une. Cette image n'est ni voyeuriste ni sensationnaliste, elle ne devient indécente que si elle est diffusée en boucle, ou détournée de façon malsaine.

À titre personnel, je crois qu'il faut même assumer de ne pas la flouter.

À nous d'avoir ce courage minimum de regarder en face le corps et le visage de cet enfant. Ils sont le miroir de notre inaction.

Hier matin, le quotidien écossais *The National*, accompagnait cette image sur toute sa Une, du titre suivant : « *The reality* ». Le corps d'Aylan, c'est la réalité qui nous claque à la gueule !

Conclusion
La dictature de l'émotion

À l'heure où s'achève ce manuscrit, les massacres du 13 novembre nous ont tous figés dans la stupeur et l'effroi. L'horreur avait frappé au début de 2015, elle est revenue, démultipliée, à la fin de la même année. Et tout porte à croire que ce n'est pas une parenthèse, plutôt les prémices d'une période noire et sanglante.

En ces journées de novembre, tenir un propos sur la complexité du monde relève de la gageure. Éviter les caricatures, c'est aussi se voir rapidement soupçonné de manquer de compassion pour les victimes ou de courage face aux assassins. En ces temps troublés, informer devient un défi, chaque jour davantage. La responsabilité est immense, les pièges sont partout.

En temps de guerre, puisque c'en est une, fut-elle asymétrique, l'information libre et pluraliste a du mal à se frayer un chemin, car qui dit guerre, dit propagande.

Il y a d'abord le piège tendu par les terroristes.

Ce qui les définit en premier lieu, c'est la violence et le désir de semer la peur. L'idéologie est secondaire, on le voit bien dans le parcours de ces jeunes gens. Il y a d'abord de la violence pour la violence, de la destruction pour la destruction. L'inhumanité de l'homme, celle qu'a si bien décrite Hannah Arendt.

Ils veulent nous terrifier, ils veulent que l'angoisse et le stress règnent.

Et les médias sont, après leurs ceintures d'explosifs et leurs Kalachnikov, le deuxième de leurs outils. Parce que les médias se nourrissent du spectaculaire, ils leur fournissent du spectaculaire. Horrible mais spectaculaire. Cela déclenche une série d'émotions en série : après la peur viennent la colère, la vengeance.

Et la presse y est d'autant plus sensible que le 13 novembre au soir, les terroristes ont visé un milieu social en proximité immédiate avec le monde des médias.

Ces émotions sont légitimes, il faut les vivre et les ressentir, parce que devant les 130 vies qui se sont éteintes, le cœur se serre. Mais ces émotions ne doivent pas prendre le contrôle de nos cerveaux, parce que la colère est souvent mauvaise conseillère.

Sans compter que les réseaux sociaux peuvent parfois devenir le meilleur allié des terroristes. Certes, le soir des attentats, ils ont aidé de nombreux Parisiens à trouver un abri pendant les fusillades. Mais dans les jours qui ont suivi, ils ont aussi régulièrement déclenché des mouvements de panique dans les rues de la capitale, en se faisant la chambre d'écho de rumeurs sans fondement.

Informer ne saurait donc se réduire à diffuser de l'émotion, à raconter les histoires des victimes, le désespoir de leurs proches, ou le témoignage des policiers.

Le piège existe aussi de l'autre côté.

Ce n'est pas politiquement correct de le dire, mais le risque pour l'information, c'est aussi celui d'une forme de militantisme.

Un pouvoir qui se déclare en guerre est un pouvoir mécaniquement conduit à essayer de limiter la diffusion de l'information. En la matière, nos démocraties sont dotées de garde-fous, mais la tentation du contrôle demeure. Et surtout, les journalistes peuvent être tentés de s'autocensurer, par crainte de passer pour de « mauvais citoyens » s'ils critiquent les mesures exceptionnelles officiellement destinées à éradiquer les terroristes.

En ces jours de novembre, nous sommes pris dans une spirale, un enchaînement d'informations qui s'accumulent à vitesse grand V, toutes centrées autour des attentats : la traque des assassins, le récit des victimes, les frappes militaires, la mobilisation politique, l'état d'urgence, le grand ballet diplomatique. C'est un sprint incessant, où la quasi-totalité de la presse ne cesse de courir. Alors qu'il faudrait surtout ralentir, réfléchir, « penser le 13 novembre », comme l'a fort bien écrit le quotidien *Le Monde*.

Embarqués (embrigadés ?) que nous sommes dans cette accumulation d'informations, nous sommes imperceptiblement tentés de basculer dans une forme de ferveur militante et patriotique : allons faire la guerre à l'organisation État islamique, fleur au fusil, *No pasaran*.

C'est la logique du clivage, la logique de tout conflit : la simplification du monde, les bons d'un côté, les méchants de l'autre, et réciproquement si on est du bord d'en face. Les vertus mobilisatrices de ce discours réducteur sont indéniables, ses qualités informatives quant à la retranscription du réel sont en revanche très pauvres. Les guerres ne laissent que peu de place à l'entre-deux et à la volonté de décrire la complexité. Elles font le jeu de la radicalité, *a fortiori* dans un contexte électoral comme la France en connaît en cette fin 2015 et s'apprête à en vivre dans moins d'un an et demi.

No pasaran ? Bien entendu que nous ne les laisserons pas passer. Mais pour ne pas les laisser passer, il faut aussi réfléchir, et la presse doit y contribuer.

Élargir le champ. Ralentir. Réfléchir. Les Britanniques disent « *the bigger picture* ». Comprenez : prendre du recul pour voir la totalité du paysage. Prendre du recul, c'est par exemple relever un chiffre, passé relativement inaperçu début novembre : l'an dernier, le terrorisme a fait 32 658 morts dans le monde. 32 658 ! ! Dans 162 pays. 10 000 victimes en Irak. 10 000 ! 7 500 au Nigeria. Et des milliers d'autres en Syrie, en Égypte, au Yémen, en Afghanistan. Le terrorisme frappe d'abord les populations civiles arabes.

Prendre du recul, c'est aussi s'interroger sur l'efficacité réelle des écoutes généralisées (ne viennent-elles pas de faire faillite), sur le financement du terrorisme, ou sur nos alliances avec les pays du Golfe.

Prendre du recul, c'est mesurer qu'au-delà des actes terrifiants et spectaculaires des terroristes, l'avenir de l'Humanité tout entière se joue aussi lors des négociations sur le climat et le réchauffement de la planète. C'est un message difficile à faire entendre en plein élan de solidarité nationale, mais il n'a rien de contradictoire avec la compassion et encore moins avec l'indispensable lutte contre la terreur.

Ces événements paroxystiques de novembre concentrent en eux tous les dangers pour l'information évoqués au fil des pages de cet ouvrage : les dérives liées à la vitesse excessive et au sprint permanent, la tentation de donner la primauté au spectaculaire, le penchant pour l'autocensure liée à la porosité avec les élites, et même les risques d'une trop grande importance accordée à la vie privée, ici l'histoire personnelle des victimes.

Rester lucide, ne pas céder à la dictature de l'émotion, c'est un vrai défi pour le journaliste, qui n'est pas un historien, mais une vraie responsabilité, essentielle dans une période de crise. Se placer prioritairement sur le terrain de l'émotion, des émotions, c'est faire le lit et le jeu de toutes les radicalités, de tous les extrémismes.

Table des matières

Dans la même collection

Le Défi Charlie. Les médias à l'épreuve des attentats, Pierre Lefébure et Claire Sécail (dir.)

Gérald Bloncourt, *L'Œil en colère. Photos, journalisme et révolution*

GRA
12 €

Dépôt légal : janvier 2016 N° imprimeur : 011653721

Imprimé en France par Présence Graphique - Monts.